DEJA IR A MI PUEBLO

JASON LOZANO

ELOGIOS

Jason Lozano conoce lo que significa ser liberado por Dios. En su libro, *Deja ir a mi pueblo*, Jason comparte su poderoso testimonio de cómo pasó de una vida de desesperanza y esclavitud a una vida de libertad y alegría. También te enseña cómo liberarte de las cadenas que te retienen y abrazar el destino que Dios tiene para ti.

Ya sea que luches con adicciones, depresión, miedo u otros problemas, este libro te mostrará cómo superarlos con la ayuda de Dios. Aprenderás a entregar tu vida a Dios, a renovar tu mente con Su palabra y a caminar en el poder del Espíritu Santo. Descubrirás el asombroso amor y gracia que Dios tiene para ti, y cómo Él puede transformar tu caos en un mensaje. Este libro no es solo un libro, es acerca del viaje. Un viaje que cambiará tu vida para siempre. Si estás listo para experimentar la libertad que Dios tiene para ti, entonces no esperes más. ¡Consigue este libro hoy y deja que Jason Lozano te muestre cómo liberar al pueblo de Dios!

Rev. Samuel *RODRÍGUEZ*
Presidente de la Conferencia Nacional de
Liderazgo Cristiano Hispano (NHCLC)

Un joven entró en nuestro centro de rehabilitación cristiano hace más de veinticinco años. Nunca hubiera imaginado lo que Dios iba a hacer con su vida. Este joven estaba hambriento de cambio. Lo encontraba llorando en el altar mes tras mes. Ese fue el principio de la transformación que Dios operó en su vida. A lo largo de los años, se convirtió en evangelista y predicador en nuestra iglesia. Los que lean este libro verán el poder transformador de Dios. Este joven predica ahora por todo el mundo. Estoy muy orgulloso de él.

Pastor Mario *VILLA*
Pastor de Jason Lozano
Ministerios Shining Light

CONTENIDO

Prólogo

Deja ir a mi pueblo es un poderoso testimonio del poder transformador de Dios en la vida de Jason Lozano. De una vida marcada por la delincuencia, la adicción y el rechazo, Jason fue liberado por la gracia divina y se ha convertido en un destacado líder de la comunidad cristiana. Este libro constituye un testimonio del poder de la oración, del amor de Dios y del discipulado.

A través de su ministerio, Jason ha ayudado a innumerables personas a encontrar su camino hacia Dios. Les ha demostrado que, independientemente de lo rotos que se sientan, siempre existe esperanza de redención. Su mensaje es de perdón, libertad y amor.

Deja ir a mi pueblo es una lectura imprescindible para quien se haya sentido perdido o solo alguna vez. Es un poderoso recordatorio de que, por muy lejos que nos alejemos de Dios, Él siempre está esperándonos con los brazos abiertos.

Recomiendo vivamente *Deja ir a mi pueblo* a quienes busquen esperanza e inspiración. Es un poderoso recordatorio de que, por muy rotos que nos sintamos, siempre hay esperanza de redención. La historia de Jason es un testimonio de la fuerza del amor de Dios y del poder transformador de la fe. Este libro empoderará y alentará a individuos e iglesias a caminar en el poder de la gran comisión de Jesús: «Vayan y hagan discípulos».

Russell *EVANS*
Pastor Principal
Planetshakers

Introducción

Debería haber muerto.

Mi vida era un caos constante.

Las drogas me controlaban, la falta de perdón me paralizaba, y el dolor marcaba mi día a día. Era una causa perdida, un producto estropeado. ¿Cómo podría cambiar alguien como yo? La respuesta era sencilla: Dios.

Dios tomó los pedazos de mi vida destrozada y me restauró.

¿Te has sentido alguna vez solo?

¿Te han abandonado?

¿Has estado completamente fuera de control?

¿Has estado esclavizado a una adicción?

¿Has experimentado un dolor traumático?

Si respondes afirmativamente a alguna de estas preguntas, he escrito este libro para ti.

Independientemente de cómo sea tu vida o de lo que hayas pasado, Dios puede hacer lo increíble, lo inimaginable.

Este libro será una valiosa lección de fe para tu libertad personal y te ayudará a creer en la liberación de tus seres queridos. Te animará a creer que Dios puede usar incluso a la persona más rota y transformar esa vida en una de valor, dignidad y propósito.

Permite que Dios te hable a través de mi historia personal de redención. Creo que Dios te encontrará justo donde estás y te sacará de cualquier pozo en el que te encuentres. Te invito a que abras tu corazón y emprendas un viaje de restauración, sanidad y libertad. Créeme, te alegrarás de haberlo hecho.

Deja ir a mi pueblo.

1

LEJOS DE LA LIBERTAD

«Hola, hijo. ¿Te gustaría ir a un concierto conmigo?». Con aquella pregunta aparentemente inocente, comenzó mi viaje hacia la libertad. La persona que me hizo la pregunta aquel día fue mi madre. Como comprenderás, no solía aceptar invitaciones a conciertos de mi madre, y no tenía ni idea de quién iba a tocar, pero le dije: «Sí, claro. Iré al concierto contigo», principalmente para apaciguarla. En aquel momento, pensaba que el concierto sería al menos una buena excusa para drogarme y salir de fiesta. Le pregunté: «¿Habrá un espectáculo de luces?». Ella me respondió: «Oh, sí. Habrá muchas luces, mijo. Será muy bonito».

Así que, cuando llegó el concierto, estaba entusiasmado con la experiencia y tenía muchas ganas de que llegara. Antes de salir por la puerta, me tomé un montón de dosis de ácido, también conocido como LSD, para potenciar los efectos estroboscópicos del espectáculo de luces. Iba a ser una noche divertida. Pero, por supuesto, no tenía ni idea de que mi madre me había engañado. Aquella noche actuaba Carman, uno de los artistas de música cristiana más poderosos y populares del momento.

«Carman» era en realidad Carmelo Domenic Licciardello. Durante la década de los 80 y 90, las actuaciones del hermano Carman eran acontecimientos poderosos, cada uno de ellos cargado de una fuerte unción del Espíritu Santo. Sus conciertos rebosaban de música y danzas llenos de energía... ¡y luces asombrosas! Pero más que eso, sus conciertos estaban llenos de un ministerio dinámico para todos los que estaban oprimidos por el diablo. Carman interpretaba su música en arenas y estadios abarrotados, proclamando el mensaje de Dios de libertad sobre el enemigo. Su canción de éxito, «The Champion», llegó al número uno de las listas de éxitos.

Por supuesto, yo era ajeno a todo lo espiritual que ocurría a mi alrededor aquella noche. Estaba drogado y lo único que sabía era que la música era impresionante, ¡y las luces también! Estaba con otra chica, y los dos estábamos drogados de ácido y disfrutando cada minuto del concierto.

Estábamos de fiesta, pasándolo como nunca, hasta que Carman empezó a nombrar a los demonios desde el escenario, instándoles a que se mostraran. Fue entonces cuando la noche cambió para mí. No sabía lo que estaba ocurriendo, pero podía sentir que era algo más que un concierto teatral. Estaba ocurriendo algo poderoso, algo real.

Carman empezó a llamar a los demonios por su nombre. Llamó a los demonios de las drogas, del alcohol, del asesinato y de la ira, y a muchos otros a medida que el

Espíritu Santo se los revelaba. En medio de esta poderosa guerra espiritual, empecé a tropezar porque los demonios que estaba llamando en el escenario ¡eran los mismos demonios que había dentro de mí!

Como puedes imaginar, la mayoría de mis recuerdos de aquella noche son un poco borrosos. Pero sí recuerdo esto: en un momento, tan rápido como puedes pestañear, se me pasó la borrachera. Aquello me asustó. Me había drogado con ácido cientos de veces, quizá miles, y sabía a ciencia cierta que no puedes ponerte sobrio del ácido como a veces puedes hacerlo del alcohol o de otras drogas. Con el ácido, la estricnina tarda veinticuatro horas en eliminarse del cuerpo. Pero, en un instante, pasé de estar todo lo drogado que se puede estar a estar todo lo sobrio que se puede estar.

Fue entonces cuando me di cuenta de que una lágrima de mi ojo había empezado a rodar por mi mejilla. No estaba acostumbrado a esto. Los hombres de mí entorno, no lloraban. *¿Qué demonios me está pasando?*, pensé. Sentí algo que nunca antes había sentido, algo que había estado buscando toda mi vida. De pequeño, mi padre me abandonó; luego, mi padrastro abusó de mí. Pero en ese instante, el amor de mi Padre celestial me lavó como una ducha purificadora, liberándome de la opresión demoníaca. Fue solo ese dulce sabor de libertad, y supe que era exactamente lo que necesitaba. Como me contaron más tarde otras personas que estuvieron allí aquella noche, antes incluso de que se hiciera el llamamiento al altar, corrí hacia la parte delantera del escenario y entregué gustosamente mi vida a Dios.

¡A LA FIESTA!

Dios envió al hombre perfecto para orar y ministrarme aquella noche, un hombre con el que realmente podía identificarme. Se llamaba Abraham. Abraham era boxeador y tenía la nariz rota. Era un tipo duro que había formado parte de la mafia italiana cuando Dios llegó a su vida y lo salvó radicalmente. Mientras me contaba su historia, fue como si Dios lo utilizara de un modo especial para conectar conmigo allí mismo.

Después, me llevaron a la parte de atrás, a uno de los corredores que estaba bloqueado al público. Ahí es donde me rodearon guerreros de oración y empezaron a expulsar de mí toda clase de demonios. No los sacaron a todos, pero sí a muchos aquella noche. Experimenté una medida de libertad que no había sentido desde que era pequeño, antes de que mi padre se marchara.

Luego oraron para que naciera de nuevo, y fue entonces cuando entregué mi vida a Jesús. Aquella noche me fui a casa sintiéndome como un millón de dólares. Me sentía tan bien, tan diferente, tan libre. Pero para que veas lo inocente que era, llamé a todos mis amigos y les dije: «¡Vénganse ya! ¡Tráiganse el barril! Tráiganse a las chicas y las drogas. ¡Hagamos fiesta!». Entonces me preguntaron: «¿Por qué quieres hacer fiesta?». Y yo les dije: «¡Porque acabo de salvarme! Por eso». No entendía otra cosa. Solo sabía que tenía motivos para celebrarlo, y la única forma que conocía de hacerlo era tener una fiesta.

MAMÁ USA LA FUERZA

Al cabo de unas dos semanas más o menos de esa nueva vida, mi madre se acercó a mí y me dijo: «Mijo, estás luchando, ¿eh?». Por primera vez, mi mente decía una cosa, pero mi espíritu, que había renacido recientemente, dijo otra cosa. Mi mente dijo: «No le digas nada», pero mi espíritu habló por mí en su lugar, y yo dije: «Sí, así es».

Cuando eso ocurrió, sentí que mi madre me estaba haciendo una especie de vudú mental, ¡como cuando los Caballeros Jedi utilizaban la Fuerza en La Guerra de las Galaxias! Entonces mi madre me preguntó: «¿Y tú quieres ir a una casa de recuperación, no?». De nuevo, en mi cabeza, dije: *No iré a ninguna casa de recuperación. Eso es solo para perdedores.* Pero mi boca dijo: «Sí, quiero». Entonces ella dijo: «Si no hay camas, ¿estarías dispuesto a dormir en el suelo, verdad?». Y yo pensé: *No voy a dormir en el suelo, ¡estás loca!* Pero volví a decir desde mi espíritu: «Sí, tienes razón». Y ella dijo: «Bueno, voy a meterte en una casa».

Llamó a una larga lista de hogares de recuperación antes de encontrar por fin uno que pudiera acogerme de inmediato. Al igual que con el concierto de Carman, el Espíritu Santo conspiró con mi madre para que todo sucediera. No tengo ninguna duda de que me colocaron exactamente donde tenía que estar.

Milagrosamente, me ingresaron en la misma casa de recuperación cristiana en la que habían ingresado dos de mis antiguos amigos, uno de los cuales creía que había muerto.

Llamé y hablé con ambos antes de irme, haciéndoles saber que me dirigía hacia ellos. Definitivamente, Dios me estaba tendiendo una trampa. Fue increíble que me ingresaran en el mismo centro que a un par de amigos míos. Fue un verdadero milagro.

YA BASTA

Pero antes de irme a la casa de recuperación, tuve un encuentro con Dios que me sacudió hasta lo más profundo. Me encontraba en la habitación de mi casa fumando *speed*, terminando lo último que me quedaba escondido, cuando Dios me habló audiblemente. No sé si alguien más lo habría oído, pero yo le oí tan claramente como si hubiera estado en la habitación conmigo. Podrías pensar: *¡Estabas drogado! La voz que oíste era solo las drogas hablándote.* Pero te diré algo: había consumido drogas todos los días durante años y nunca había oído a Dios hablarme como lo hizo aquel día.

Me habló con una voz fuerte y clara. Allí estaba yo, drogándome, y Él me dijo: «Hijo, ya basta». Era la voz de Dios, pero yo ya había oído esas palabras antes. Eran las mismas palabras exactas que mi madre me decía cuando estaba harta de mi comportamiento insensato: «Ya basta». Dios repitió aquella frase una y otra vez. Debió de decirla diez mil veces. Y cada vez que la decía, era como si diez mil agujas atravesaran mi corazón.

Ese fue el último día que consumí drogas. Nunca más lo hice.

EL HIJO PERDIDO

Una de mis parábolas favoritas del Nuevo Testamento es la historia del hijo pródigo que se encuentra en Lucas 15:11-32. Es un gran cuadro de la gracia inmerecida y de la libertad que proviene del amor de un padre. Ya conoces la historia. Había una vez un hombre que tenía dos hijos. Uno de los hijos, el más joven, decidió que quería tener toda su herencia de una vez. Así que se lo pidió a su padre, quien accedió y le dio el dinero.

Con una cartera llena de oro, el hijo abandonó su hogar y viajó a una tierra lejana, donde gastó su dinero pródigamente, entreteniendo a sus amigos y comprando todo lo que su corazón deseaba. Pero no había forma de que pudiera mantener ese estilo de vida y, al final, se quedó sin dinero. Una vez sin dinero, todos sus supuestos amigos se marcharon, dejándole solo. El muchacho se sentía miserable y pronto empezó a pasar hambre. Aceptó un trabajo alimentando cerdos para un granjero local. Pero pronto, el chico estaba tan hambriento que la comida que daba a los cerdos empezó a parecerle buena.

Fue entonces cuando la Biblia dice que el muchacho «entró en razón» (Lucas 15:17). En otras palabras, el muchacho finalmente llegó al final de sí mismo; había tocado fondo y se había rendido. Llegó a un punto en el que estaba tan deprimido, tan oprimido, que pudo decirse sinceramente a sí mismo lo mismo que Dios me dijo a mí: «Ya basta».

¿Te has dado cuenta de que el muchacho nunca experimentó un verdadero cambio en su vida hasta que llegó al final de sí mismo y tocó fondo? Antes de llegar a ese punto, pensó que podría alcanzar la libertad por sí mismo, por su propio poder, con sus propias buenas ideas. Hasta que no fue capaz de decir «¡ya basta!», no pudo comenzar su viaje hacia la libertad. Tuvo que llegar a ese punto en el que ya se había hartado del pecado, la miseria y la esclavitud. ¡Ya no quería saber nada de eso! ¡Ya basta! Solo entonces pudo abrirse camino y experimentar la libertad en su vida.

Mientras tanto, ¿recuerdas lo que hacía el padre? Quería desesperadamente recuperar a su hijo. Quería que su hijo cambiara, que empezara a tomar decisiones sabias en vez de tontas. Le quería y le echaba de menos, y quería que volviera a casa. Quería que fuera libre. La Biblia nos dice que esperaba y vigilaba ansiosamente a su hijo todos los días. Pero no podía obligar al muchacho a volver a casa. El muchacho tenía que tomar la decisión de cambiar por sí mismo. Tuvo que dar un paso hacia la libertad. Tuvo que decir: «Ya basta».

Lo que era cierto con el niño es cierto para cada uno de nosotros. Necesitamos llegar al final de nosotros mismos antes de que se produzca un cambio en nuestras vidas. Antes de que podamos embarcarnos en nuestro propio viaje hacia la libertad, necesitamos llegar a ese lugar en el que estamos tan hartos del pecado que estamos dispuestos a hacer lo que haga falta para liberarnos.

¿Y tú? ¿Estás harto? ¿Estás harto de estar harto y cansado? ¿Estás dispuesto a hacer lo que haga falta para ser libre? Entonces este libro es para ti. Dios quiere que sus hijos sean libres. ¡Dios quiere que TÚ seas libre! Libre de la esclavitud. Libre del pecado. Libre de la opresión del diablo. ¿Estás preparado para iniciar tu viaje hacia la libertad?».

ESCANEAR QR PARA MÁS INFORMACIÓN

2

NO HAY LUGAR COMO LA ESPERANZA

Esperanza. Tan solo oír esa palabra desencadena docenas de posibles situaciones en mi mente...

- *Espero conseguir el trabajo.*
- *Espero que mi coche arranque por la mañana.*
- *Espero conseguir ese aumento.*
- *Espero que no rechacen mi tarjeta de crédito.*

... y algunos escenarios más serios como ...

- *Espero que mis análisis den negativo.*
- *Espero no perder el bebé esta vez.*
- *Espero que este bulto no sea cáncer.*
- *Espero que Dios escuche mí oración.*

El diccionario define la esperanza como un sentimiento de expectación o deseo que ocurra una cosa determinada.

Supongo que esa definición es acertada, pero al mirar simplemente las palabras escritas en la página en blanco y negro, la definición parece demasiado estéril, excesivamente unidimensional. No sé tú, pero yo, cuando oigo la palabra «esperanza», percibo una palabra cargada de todo tipo de sentimientos y emociones complejos.

La esperanza, así como su opuesto más oscuro, la «desesperanza», han formado parte de la experiencia humana desde que se tiene constancia de la historia. Y la esperanza puede manifestarse de distintas formas. Para Adán y Eva, la esperanza fue un bocado de fruta imprudente. Para Abraham, la esperanza fue un sacrificio enviado por el cielo. Para Moisés, la esperanza era una hermosa tierra que manaba leche y miel. Para David, la esperanza era un niño enfermo que necesitaba un toque de Dios. Para Juan el Bautista, la esperanza era la llegada del Mesías. Para María y Marta, la esperanza era un milagro de resurrección. Para Pablo, la esperanza era una dolorosa espina clavada en el costado. Para el hijo pródigo, la esperanza era la promesa de un padre amoroso y perdonador.

Pero quizá el ejemplo de esperanza que me conmueve más profundamente, aparte de mi propia historia, es el relato del Nuevo Testamento cuando Jesús cura a una mujer en la calle (Lucas 8:43-48)

UNA HISTORIA DE ESPERANZA

Imagínatelo conmigo. Era una calle estrecha y atestada de gente, y Jesús estaba siendo presionado por todos lados; empujado por una multitud alborotada. Estaba concentrado, decidido a llegar a una casa donde tenía que ver a una niña pequeña que estaba muy enferma. Le arrastraban por las calles atestadas las fuertes cadenas de compasión que su Creador había puesto en su corazón.

De repente, sintió energía, poder, fuerza... Sintió que su esencia fluía de Él. Se giró y preguntó a aquellos con Él: «¿Quién me tocó?». Pero la multitud estaba perpleja. ¡TODOS le tocaban! Le rodeaban por todas partes. Volvió a preguntar: «No, ¿quién me tocó? Alguien me tocó a propósito».

Alguien le tocó, y no solo su brazo o su pierna, alguien había tocado su corazón. Alguien había tocado su destino, su razón de vivir. Y ese alguien no solo le tocó, sino que *extrajo* algo de Él. Le tocó con tanta necesidad, tanta desesperación, tanta ESPERANZA, que literalmente *absorbió* de Él el poder mismo para curar.

Esta pobre mujer, que sangraba desde hacía muchos años a causa de alguna misteriosa dolencia, yacía en el suelo polvoriento ante Él. Tenía la cabeza inclinada, incapaz de levantar el rostro para mirarle a los ojos. Había llegado al fin de sí misma. Ya no le importaba ser humillada. Ya no le importaba tener que soportar el escarnio de la multitud por haber provocado semejante retraso en la crítica visita para ver a la hija enferma de un hombre muy importante.

Durante los últimos doce años, había sido incapaz de realizarse como mujer, como esposa, como madre. Su vida había girado en torno a esta enfermedad durante tanto tiempo que se había convertido en parte de su identidad, parte de la forma en que se veía a sí misma, e incluso parte de la forma en que los demás la veían y se referían a ella:

«Ah, ¿te refieres a la mujer que sangra?». Lo había intentado todo. Su familia la había abandonado, por necesidad. Había agotado todos los ahorros de su familia, los fondos que le habían quitado los médicos a lo largo de los años, que intentaron infructuosamente curar lo insanable. No tenía nada más. No tenía otras opciones. La esperanza que tenía era tan escasa que apenas existía.

Entonces oyó a la multitud; distante al principio, pero cada vez más cerca. Sabía que algo grande se acercaba. Se armó de valor y empezó a preguntar a los que iban delante de la procesión qué estaba pasando. Fue entonces cuando se enteró de lo que ocurría. Sin duda había oído hablar antes del Sanador. Sabía que esta podía ser su oportunidad. Podía sentir cómo la pequeña semilla de esperanza de su corazón empezaba a crecer. Dejando de lado toda precaución, esta mujer frágil y vacilante se adentró en la multitud que rodeaba a Jesús por todos lados.

Intentó llamar su atención. Gritó e incluso intentó levantar las manos. Intentó lastimosamente alisarse el desorden de su pelo y humedecerse los ojos para parecer «normal», pero en el intento se dio cuenta de que había perdido la «normalidad» hacía mucho tiempo. Decididamente, no era normal. Estaba enferma. Era pobre. Estaba perdida, casi sin esperanza. Y fue esa desesperación la que percibió la multitud, como un hedor que flotaba en el aire denso de la calle abarrotada. Entornaron la nariz e intentaron apartarla.

Pero, cuando la pequeña semilla de la esperanza empezó a crecer en su corazón, hizo acopio de fuerzas y saltó, tratando de obtener una mejor visión. Corrió hacia delante en un intento de anticipar sus movimientos, su ruta. Su plan consistía en «acechar», interceptándole a la vuelta de la siguiente esquina. Pero fue inútil. La masa de cuerpos era demasiado densa y se movía demasiado deprisa. Fue arrastrada por la poderosa corriente de la multitud.

Una vez pasado, se echó a llorar. Se había acabado. Había perdido la oportunidad de curarse. Nunca mejoraría. Pero en algún lugar profundo de esta pobre mujer quedaba un núcleo de ESPERANZA. Miró a la multitud que se alejaba de ella y encontró fuerzas para hacer un esfuerzo más. Lo intentaría una vez más.

Impulsada por una ESPERANZA insaciable, empezó a tirar de las capas externas de la multitud. Le resultó mucho más fácil acercarse a Él por detrás, siguiendo la corriente de la gente. Pero sus fuerzas menguaban y sabía que no duraría mucho más. Tiró de los hombros, de los brazos e incluso del pelo para llegar hasta Aquel a quien necesitaba ver. Empujó a otra persona hacia un lado y, finalmente, reconoció la espalda del Sanador. Se concentró en su espalda y lo alcanzó.

Pero la empujaron en el último momento y no lo vio. En su desesperación, alargó la mano y se agarró a lo único que podía alcanzar, el borde de su manto. Pudo agarrarse solo un momento, pero cuando alguien le pisó el brazo, tuvo que soltarlo, rindiéndose finalmente al hecho de que nunca mejoraría.

Pero el Sanador dejó de moverse. Se volvió y ella le oyó preguntar: «¿Quién me tocó?». Asustada, empezó a apartarse, con la esperanza de volver a mezclarse con la multitud. Pero la multitud no se abría para dejarla marchar.

Inmediatamente se sintió bañada en calor, abrumada por amor. Finalmente levantó la vista y vio su rostro. Sin pena. Solo amor. Un amor completo e innegable. La multitud se desvaneció en su mente y las únicas dos personas que había ahora en la polvorienta calle eran ella y aquel hombre increíble.

Se sintió diferente, más fuerte, y se puso en pie, débilmente al principio, pero luego con una nueva fuerza. Se elevó a su altura completa y miró al hombre a la cara. Por primera vez, se dio cuenta plenamente de su mirada penetrante. No pudo encontrar las palabras para hablarle. Él simplemente le tendió los brazos y ella se precipitó en su abrazo.

La abrazó durante un largo momento. Finalmente, se apartó y se miró las manos, que ya no temblaban. Sintió los dedos de los pies en la tierra, que ya no hormigueaban por la pérdida de circulación. Sabía que Él había logrado con un toque lo que muchos médicos durante muchos años nunca pudieron. Ella sonrió, por primera vez en mucho tiempo, y Él le devolvió la sonrisa y giró sobre sus talones, perdiéndose de nuevo en la corriente de la multitud.

Pero la mujer ya no era «la mujer que sangra», se había transformado en la mujer curada. Todo era nuevo y diferente. Había sido sanada; el toque la había liberado y la había convertido en una nueva criatura».

LA ESPERANZA NOS LLEVA A UNA DECISIÓN

Me encanta esa historia. Siempre he pensado que es un gran ejemplo del poder de la esperanza. Pero la historia también ilustra la fuerza destructiva de la desesperanza. Siempre que alguien está sometido a algo, existe una opresiva sensación de desesperanza, que es uno de los peores sentimientos imaginables. No solo mina tu fuerza y tu determinación, sino que también te roba la voluntad de seguir adelante. Puedes encontrarte en un lugar muy oscuro, pensando que no hay luz al final del túnel, ni días más brillantes, ni días mejores por delante. He experimentado de primera mano este tipo de desesperanza, y es probable que tú también.

La desesperanza es lo que ocurre cuando la vida te abate. Como la mujer de la historia, es la falta de esperanza lo que aplasta el espíritu humano. Es mi oración que este libro haga nacer una nueva esperanza en tu corazón, quizá por primera vez en tu vida. Al leer cómo Dios me rescató a mí, una y otra vez, oro para que te animes y para que la esperanza empiece a amanecer en tu corazón como un nuevo día.

Pero con el surgimiento de la esperanza viene la responsabilidad. La esperanza nos lleva a un lugar importante de decisión. Como la mujer de la historia, tienes que preguntarte: *¿Me atreveré a creer de nuevo? ¿Tendré el valor para dar un paso en la fe y permitir que vuelva a crecer la esperanza? ¿Volveré a soñar?* Hay elecciones que cada uno de nosotros tiene que hacer cada vez que una nueva esperanza empieza a surgir en nuestro corazón. ¿Volverás a decir que sí? ¿Da miedo? ¡Claro que sí! Si la vida te ha decepcionado y defraudado, encontrar el valor para volver a confiar en la esperanza puede ser una elección muy difícil de tomar.

Cuando era niño, fui abandonado por mi padre. Después, mientras aún luchaba contra ese dolor y me sentía muy expuesto y vulnerable, mi padrastro abusaba de mí todos los días. El dolor de esas heridas me aplastaba el espíritu. No sabía a quién podía acudir en busca de ayuda; no tenía ni idea de en quién podía confiar.

UN MOMENTO DECISIVO

Recuerdo la primera vez que oí Jeremías 29:11 (NVI): «Porque yo conozco los planes que tengo para ustedes — afirma el SEÑOR—, planes de bienestar y no de calamidad, a fin de darles un futuro y una esperanza». Mi amigo, me emociono solo de pensar en el poder de esas palabras, en el poder de esa promesa. Solo pensar que Dios tiene un plan, que tiene un plan para mi sanidad, un plan para mi liberación, mi restauración y mi vida, me deja completamente anonadado. Todavía hoy, leer las palabras de ese versículo me embarga por completo de emoción.

Estoy muy agradecido. La primera vez que oí ese versículo, no podía creer que Dios tuviera un plan para mí. Pensaba que, debido a mi abandono y abuso, estaba maldecido y no era elegible para recibir la sanidad. Entonces oí a mi pastor predicar un mensaje. Leyó ese versículo y oí las palabras: «Dios tiene un plan». Eso, cambió mi vida para siempre. Esas palabras fueron las que hicieron que la diminuta semilla de la esperanza empezara a crecer en mi corazón.

Creo que hay mucha gente como yo, profundamente herida, que ha renunciado a la esperanza y que no se da cuenta de que Dios tiene un plan y no es hacerles daño ni herirles, sino que su plan es darles una esperanza... no solo una esperanza, sino también les promete un futuro con planes de bienestar y no de calamidad.

Piénsalo un momento. Dios tiene un plan para tu vida. Suena muy sencillo, pero en realidad es cualquier cosa menos eso. Es profundo. Cuando medito sobre esa verdad, que Dios Todopoderoso, el Dios del universo, que lo creó todo, dice: «Tengo un plan para tu vida», eso es bastante profundo.

Oír ese versículo por primera vez fue un verdadero momento «ajá» para mí. Yo era un nuevo creyente y esto era probablemente uno de los primeros sermones que escuché en mi vida. Pero en ese momento, algo dentro de mí hizo clic y, sin más, tomé la decisión de ir a por todas. Pensé: *Si la Biblia lo dice y mi pastor lo dice, debe ser verdad. Así que voy a arriesgarme y creerlo.*

Ese fue un momento decisivo para mí y el comienzo de mi avance, cuando Dios me inundó con Su promesa de un plan bueno y lleno de esperanza para mi vida. Dios tiene un plan. Esa es una verdad transformadora tan fuerte. Sé que para algunos puede convertirse en un tópico, pero para mí no lo es. Esa única verdad de Jeremías 29:11 cambió mi vida. Desde que tomé la decisión de ir a por todas y permitir que la esperanza volviera a crecer, mi vida no solo ha cambiado, sino que, como la mujer de la historia, mi vida se ha transformado de verdad. Este libro contiene no solo las historias de mi viaje de transformación, sino también las lecciones que aprendí por el camino.

Mi historia, como la de todos los demás, está llena de angustia y dolor. Pero alabado sea Dios, Jesucristo es el Redentor, el Restaurador, el Libertador, y nunca nos deja como nos encontró. Él es fiel y mi vida es un testimonio de ello.

3

UNA VIDA DESTROZADA

Ser abandonado por mi padre es uno de los primeros recuerdos que tengo. Solo tenía seis o siete años, más o menos, cuando mi madre y mi padre decidieron divorciarse.

En 1978, Jason, de cuatro años, con su madre y su hermana.

Izquierda:
Jason,
de cinco
años, en la
granja de
su padre.

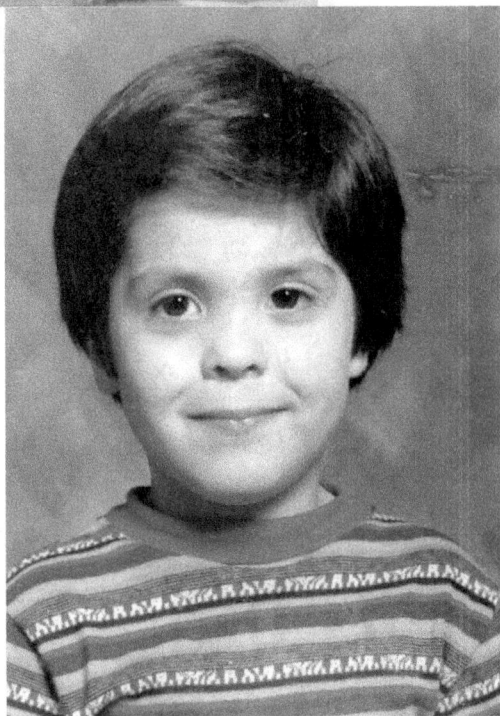

Derecha:
Jason Lozano
en primer
grado.

UNA VIDA DESTROZADA

Según tengo entendido, antes del divorcio, mi padre se estaba formando para ser pastor. Pero su formación se interrumpió cuando fue reclutado para luchar en Vietnam, donde se convirtió en lo que llamaban una «rata de túnel». Las ratas de túnel eran soldados que realizaban misiones subterráneas de «búsqueda y destrucción» en territorio enemigo.

Mientras estuvo allí luchando, vio e hizo cosas de las que nunca habló, cosas horribles que le impactaron negativamente. Como era de esperar, se hizo adicto a todo tipo de cosas, y cuando por fin volvió de la guerra, ya no era el mismo. El matrimonio de mis padres no pudo sobrevivir a las adicciones y acabó disolviéndose. Como resultado, mi padre cayó de lleno en su alcoholismo.

Mi madre obtuvo la custodia de mi hermana y de mí, mientras que mi hermano se fue a vivir con mi abuela. Así que los fines de semana iba a casa de mi padre, que vivía en el campo, en un rancho. Tengo muy buenos recuerdos de ir a casa de mi padre en aquella época. Nos divertíamos mucho. Siempre había niños en el rancho y no había muchas normas ni supervisión; era como vivir en un rancho salvaje.

Y entonces, justo por Navidad, un año, cuando tenía unos seis o siete años y después de un fin de semana lleno de diversión en el rancho, mi padre me dejó en casa de mi madre cargado con un montón de regalos para todos. Lo recuerdo todo muy claramente. Bajé de su automóvil delante de la casa y me dijo: «Muy bien, hijo, nos vemos el próximo fin de semana». Recuerdo que los días siguientes pasaron lentamente. Pensé que el fin de semana no llegaría nunca.

Así que, cuando por fin llegó el fin de semana siguiente, estaba fuera esperándole con mi mochilita preparada y lista para salir. Esperé lo que me pareció una eternidad, pero nunca apareció.

Tampoco llegó al día siguiente, ni al otro. Al cabo de una semana, no estoy seguro de cuánto tiempo pasó, pero en algún momento, cuando todavía no había pasado por casa ni había llamado, mi madre tuvo que decirme finalmente: «No creo que tu padre venga a buscarte». Al darme cuenta de aquellas palabras, me rompieron el corazón. Algo en mi interior se hizo añicos aquel día. Lo recuerdo perfectamente. No dejaba de preguntarme: ¿*Qué he hecho mal?* Mis sentimientos estaban a flor de piel, y en mi mente había un remolino de pensamientos.

UNA PESADILLA VIVIENTE

En aquel entonces, mi madre había conseguido un nuevo novio y, en medio de mi dolor y desesperación, recurrí a este hombre para que fuera una figura paterna. Pero, al igual que mi propio padre, este nuevo hombre también era alcohólico y bebía todos los días. Y siempre que bebía, se ponía muy abusivo. Empezó a maltratarme todos los días. Golpeaba a mi madre delante de mí. Era un ambiente terrible para crecer; una pesadilla viviente. Y viví en esa pesadilla durante toda mi infancia.

Las cosas siempre empeoraban durante las fiestas. Literalmente, agarraba el árbol de Navidad que estaba dentro de casa y lo tiraba afuera, al jardín. Lo hacía todos los años. Siempre que había una cena de Navidad o de Acción de Gracias con vajilla costosa sobre la mesa, destrozaba todos los platos y dejaba la mesa hecha un desastre. Así era él. También era coleccionista de armas; le gustaban tanto sus armas que se sentaba en su silla en mitad de la noche y disparaba las armas en la casa.

Era literalmente como vivir con un loco. Mirando atrás, es fácil ver que era un hombre muy, muy malvado. Mi madre me contó más tarde que cuando se enteró de que ella quería ir a la iglesia, le puso el cañón de su pistola más grande en la boca y le dijo: «Si vas a la iglesia, te vuelo la cabeza». Y estoy convencido de que lo habría hecho. Era un mujeriego y un maltratador; era un hombre terrible. Y se convirtió en mi figura paterna, así que puedes imaginarte el tipo de toxicidad presente en el entorno en el que me crie.

UNA ENCRUCIJADA CRUCIAL

El caso es que siempre fui un niño de buen corazón. Conocí al Señor de pequeño porque mi madre nos enviaba a la iglesia de niños. Había entregado mi corazón al Señor en la iglesia a una edad temprana. Siempre conocí al Señor y siempre le temí, y tuve ese lado espiritual en mí, pero luego llegó la adolescencia.

Cuando tenía unos doce años, mi madre me llevó a una reunión de avivamiento que se celebraba en una iglesia al final de la calle. Había una mujer muy poderosa orando por la gente que se acercaba al altar. Cuando oraba por ellos, se caían. Empecé a burlarme de ellos, diciendo: «Eso es muy falso. ¿Qué hace esa gente?». Mi madre respondió rápidamente a mi escepticismo: «¿Crees que es falso?».

Le dije: «Sí». Entonces dijo: «¿Por qué no subes y lo ves por ti mismo?».

Así que me dirigí al altar, donde la señora oraba por mí. Lo siguiente que supe es que estaba en el suelo igual que los demás. Rápidamente me di cuenta: «¡Uy, ¿qué es esto?! ¡Esto sí que es real!». Sentí que la habitación daba vueltas. Me levanté y empecé a salir de la iglesia. Al salir, pasé por delante de la sala de jóvenes, que estaba llena. Todos se volvieron y me miraron fijamente, pero no me invitaron a entrar para unirme a ellos. Era como si yo no perteneciera a aquel lugar.

Así que, en lugar de entrar en aquella sala de jóvenes —que, mirando atrás, fue una encrucijada crucial en un momento crítico de mi vida—, seguí caminando. Es interesante pensar en lo que podría haber ocurrido en aquel momento, porque creo que si hubiera entrado en aquella sala de jóvenes, mi vida habría sido muy diferente. Pero no me invitaron a entrar, así que seguí caminando por el pasillo y salí del edificio. Una vez fuera, me llamó la atención una chica que estaba detrás de la iglesia, llamada Tina. Era una chica salvaje y compartimos marijuana, mi primer porro. A partir de ese momento, fue como si hubiera dado la espalda a Dios. Los siete años siguientes fueron como siete años de tribulación. Todo fue de mal en peor.

AÑOS LOCOS DE TRIBULACIÓN

Fue en mi primer año de instituto cuando empecé a rebelarme, a juntarme con la gente equivocada, a meterme en líos y a buscar formas de portarme mal. Al final, me

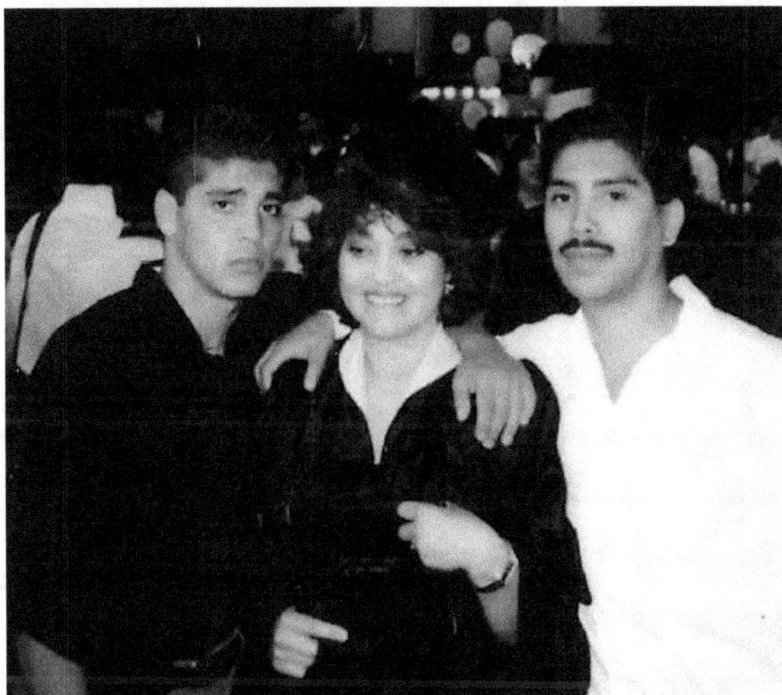

Arriba: La madre
de Jason Lozano
en su graduación
universitaria en Rio
Hondo College.

Izquierda: Jason
Lozano, graduación
de Pioneer High
School.

Jason Lozano, dieciocho años.

Jason Lozano en la prisión juvenil.

expulsaron de todas las escuelas del distrito porque siempre me suspendían. Las cosas se pusieron aún más serias cuando tenía catorce años. Cometí un pequeño robo y me enviaron a una prisión juvenil.

Todos mis otros amigos iban al instituto, jugaban al fútbol, se divertían y pasaban el rato, y a mí me enviaban a la cárcel. Y me di cuenta de que había entrado en un mundo totalmente distinto.

La cárcel es una pesadilla diferente porque, en aquella época, yo no era un delincuente empedernido. Me metieron con un montón de chicos jóvenes y endurecidos que habían sido institucionalizados. Así que tuve que aprender una forma de pensar totalmente nueva. La prisión juvenil parecía una escuela de gladiadores donde el mismísimo Satanás entrenaba a los jóvenes. Allí fue donde aprendí a moverme como un gánster con mentalidad de gánster. Tuve que adaptarme para sobrevivir dentro.

Aquel año en la prisión juvenil cambió el curso de mi vida. Cuando salí, era una persona diferente. Toda mi mentalidad había cambiado. Había aceptado el hecho de que era un alborotador. Incluso cuando intentaba seguir una línea recta y estrecha, fracasaba. Estaba demasiado desordenado y no podía evitar meterme en líos. Una cosa llevó a la otra, y acabé haciendo algo más que consumir drogas: empecé a venderlas. Pronto me convertí en el segundo mayor traficante de drogas de nuestra zona. Seguro que hice algunas locuras en ese mundo, pero ese era el estado mental en el que me encontraba.

Un ejemplo de lo loco que llegó a ser fue una vez que una chica me pidió que le vendiera droga. Y no pude evitar fijarme en que llevaba un gran anillo de diamantes en el dedo, así que decidí robárselo. Pero no tenía un arma. Así que, cuando la llevé al lugar para conseguir las drogas, entré y pregunté a los tipos que había allí: «¿Tienen algún arma? Quiero robar a esta chica». Dijeron que no, pero que tenían un cuchillo de carnicero que podía utilizar. Así que les dije: «Eso servirá. ¿Tienen una máscara?». Dijeron: «Sí, tenemos una máscara». Tenían una de esas máscaras de payaso que dan miedo. Así que me puse la máscara, preparé el cuchillo y me dispuse a salir para robar a la chica.

Ahora tienes que entender que nunca llevé camisa en este momento de mi vida. Supongo que creía que estaba fornido o algo así. Así que volví a salir, con aquella tonta máscara de payaso, y apunté a la chica con un gran cuchillo de carnicero e intenté quitarle el anillo. Ella gritó: «Jason, ¿eres tú?». Y yo: «¿Cómo sabes que soy yo?». Me había olvidado por completo que tenía un tatuaje con mi nombre justo ahí, en el pecho. ¡Era obvio para la chica que intentaba robarle!

LA MANO PROTECTORA DE DIOS

También hubo una vez que pasé mi decimoctavo cumpleaños en una prisión mexicana. Fue una experiencia aterradora, por no decir otra cosa. Soy mexicano, pero no hablo español, y eso está mal visto en México. Me llamaban «pocho», que significa mexicanoamericano que no habla español. Así que, no hace falta decir que a esos tipos no les gustaba la gente como yo. De hecho, ¡violaban y mataban a gente como yo! Pero de alguna manera, Dios me protegió. Durante ese tiempo, la fuerte mano protectora de Dios estuvo indudablemente sobre mi vida.

Mi amigo y yo estuvimos juntos en aquella prisión mexicana y recuerdo que tuvimos que dormir espalda con espalda para protegernos. Muchos tipos tenían cuchillos allí y podían matarte si querían. Daba mucho miedo. No lo demostré, pero temí por mi vida casi todo el tiempo. Era un lugar terrible, como una escena de una película de Hollywood en la que te meten en una habitación y te dicen: «¡Dúchate!». Pero solo te dejan un cubo de agua sucia para que te laves y un conjunto de ropa sucia para que te pongas.

Fue una experiencia de locos en aquella prisión. Recuerdo cuando un tipo entró en la prisión. Era una especie de capo de la droga, y prácticamente tenía un condominio, vivía en aquella prisión como un rey. Era de Long Beach, California, de la misma zona que yo. Me dijo: «No te preocupes, aquí nadie te hará daño. Voy a cuidar de ti». Y efectivamente, eso fue lo que ocurrió. Dios utilizó a aquel narcotraficante para que nos cuidara y protegiera. Así que durante toda la semana que estuvimos en la prisión mexicana, nadie nos hizo daño, ni siquiera nos tocaron. Estoy seguro de que había tipos allí dentro que querían matarnos, pero no intentaron nada porque estábamos siendo protegidos por ese capo narco (¡sin mencionar el Señor de los señores!).

Todo el tiempo que estuve en aquel lugar, tuve mucho miedo. Me atormentaba continuamente el pensamiento: *Nunca saldré de aquí.* Entonces, de la nada, Dios hizo otro milagro. El tipo con el que me detuvieron, mi amigo, su abuelo era un exfederal en México. Evidentemente, los padres de mi amigo hablaron con su abuelo, y este pudo mover algunos hilos y conseguir que nos soltaran. Un día, cuando llevábamos allí una semana, abrieron la puerta y nos dejaron marchar.

Por supuesto, supuse que si nos dejaban marchar, probablemente nos dispararían, haciendo que pareciera que intentábamos escapar. Los guardias iban armados con AK-47 y podrían habernos disparado fácilmente una vez estuviéramos fuera de la puerta. Así que le dije a mi amigo: «Tú corre a la izquierda; yo correré a la derecha». Pero cuando salimos por la puerta, nadie intentó nada. ¡Qué milagro! ¡Incluso mi madre y mi padre estaban allí para recogernos! Me fui de México diciendo: «¡Nunca volveré!».

Una de las razones por las que tenía miedo de no salir nunca de aquella prisión era porque te hacían pruebas de drogas para ver si tenías drogas en el organismo (era una de las cosas que hacían para incriminarte). Así que una de las cosas que hice fue beberme el agua del retrete para poder pasar el control de drogas. Como era de esperar, acabé enfermando de disentería.

Como he dicho, cuando llegué a casa, juré no volver nunca a México. Pero una semana después, aparecieron mis amigos diciendo: «Volvamos a México de fiesta», pero yo les dije: «Nunca volveré a ese lugar». Cuando empezaron a burlarse de mí, diciendo: «¡Vamos, vamos, no seas miedoso!». Al final dije: «Está bien, vámonos». Así que volví a México justo una semana después. ¿Puedes creer que me metí en una pelea de bar y acabé de nuevo en la misma prisión? Ese es el tipo de mentalidad loca que tenía en ese momento de mi vida. No era racional.

UN FINAL PACÍFICO

En aquella época, yo era boxeador. Me encantaba boxear y se me daba muy bien. Estaba en una hamburguesería y había una banda rival, muy conocida en la zona por quemar viva a la gente. Estos tipos eran gánsteres de la vida real, parte del crimen organizado, un grupo de criminales empedernidos. Eran famosos en la región por su brutalidad. Uno de los tipos salió de la hamburguesería y empezó a caminar en mi dirección. Le vi y le llamé. Quería luchar con él, así que me abalancé sobre él y le di una paliza. Incluso hice el bailecito de Muhammad Ali sobre él solo para restregárselo. (Yo estaba borracho y me hacía el tonto). Lo que no sabía era que otros dieciocho miembros de la banda lo habían visto todo y estaban a punto de salir de aquella hamburguesería.

Cuando salieron, me di cuenta de que probablemente moriría de todos modos, así que corrí directamente hacia el más grande. Le golpeé y le di una paliza. La pelea atrajo la atención de los guardias de seguridad, que salieron corriendo del restaurante y empezaron a rociarme con gas lacrimógeno. Entonces los miembros de la banda sacaron sus pistolas y los guardias sacaron sus armas. Hubo un enfrentamiento allí mismo, en el estacionamiento.

Mientras tanto, aunque apenas podía ver a causa del gas, corrí dentro del restaurante al baño para esconderme.

Inmediatamente empecé a orar como nunca antes lo había hecho: «¡Dios salva mi vida! No tengo arma. Estos tipos van a entrar y matarme en cualquier momento».

Pero nunca vinieron a buscarme. El enfrentamiento de la calle terminó pacíficamente, guardando todos las armas sin disparar un tiro. Cada uno siguió su camino. Supongo que con toda la emoción se habían olvidado de mí.

Aquella noche Dios me perdonó definitivamente la vida. Pero ese es el estado en que se encontraba mi vida y ese era el tipo de cosas que ocurrían en mi vida todo el tiempo.

MÁS PODEROSO QUE EL CRIMEN ORGANIZADO

Con el tiempo, me convertí en el mayor traficante de drogas de la ciudad. Y conecté con un par de cocineros de metanfetamina para que mi negocio de la droga creciera aún más. Uno de los tipos era miembro de una banda de motocicletas y el otro era cazarrecompensas profesional. Aún era un muchacho, solo tenía dieciocho o diecinueve años cuando empecé a fabricar metanfetamina en la ciudad. Me hice con el control de casas de drogas y todo lo demás, convirtiéndome en un actor importante de la zona a pesar de que aún era joven.

Las cosas en mi vida ya eran peligrosas, pero se intensificaron cuando el crimen organizado decidió que teníamos que pagar una cuota extra al jefe de nuestra región si vendíamos drogas. Cuando eso ocurrió, decidí que no quería pagar un extra a nadie, así que fue entonces cuando acabamos entrando en guerra con el crimen organizado. Muchos de mis amigos murieron durante aquella época. Fue una locura. Al final, me incluyeron en una lista de eliminación. Y así, para cuando me salvaron aquella noche en el concierto de Carman, era un hombre buscado con mi nombre en una lista de eliminación.

Pero el destino de Dios para mi vida era más poderoso que cualquiera de esas cosas. Durante aquellos años, la mano protectora de Dios me cubrió, me protegió y me preservó de la muerte un sinfín de veces. Recuerda el versículo de Jeremías 29:11: «Porque yo conozco los planes que tengo para ustedes —afirma el Señor—, planes de bienestar y no de calamidad, a fin de darles un futuro y una esperanza». No olvides nunca que el plan de Dios para ti es mucho mayor que cualquier plan que el diablo pueda tener para ti. Deja que mi historia te anime. Como hizo conmigo, Dios tiene un plan para tu vida. ¡Un plan para darte un futuro y una esperanza!

4

EL PODER DE LA ORACIÓN FERVIENTE

Siempre me ha gustado la segunda mitad del versículo en Santiago 5:16, que dice: «La oración del justo es poderosa y eficaz» (NVI). Es otra gran promesa de Dios. Nunca he tenido que preguntarme si ese versículo es cierto o no. Sé a ciencia cierta que hoy estoy vivo gracias a las poderosas oraciones de un comprometido grupo de guerreros de oración que me cubrieron con oración los días y semanas anteriores a mi salvación.

Mi mamá y mi padrastro en su graduación del colegio bíblico en 1997.

En aquel entonces, mi madre había conocido a un hombre llamado Dwayne, con quien acabó comprometiéndose y casándose. Hasta el día de hoy, me refiero a él como mi padre. Mi madre y mi padre asistían a un instituto bíblico donde servían juntos a Dios. Yo vivía con ellos en aquella época. Y este equipo de guerreros de oración llamaban a mi madre diciéndole que estaban orando por mí. Lo hacían por su cuenta, sin que mi madre tuviera que pedírselo. Había seis o siete de ellos en el equipo de oración, y en veinticuatro horas, cada uno de ellos había llamado a mi madre diciéndole: «Tenemos que orar por Jason porque el espíritu del asesinato y de la muerte está sobre él». Ellos no tenían idea de lo que yo estaba haciendo ni en qué estaba metido. Era Dios guiando a la gente para que orara por mí. ¡Otro milagro!

Pasaron los días hasta que un día me despertó de un sueño profundo un detective que había irrumpido en mi dormitorio a eso de las cinco o las seis de la mañana. Me sacó de la cama, me puso unas esposas en las muñecas y me detuvo por malversación de fondos. Sabía que era culpable y que probablemente me condenarían a unos diez años de cárcel.

Estaba en la cárcel del condado para que me procesaran y miraba las fechas de los juicios por los cargos que se me imputaban. Leí todas las pruebas que habían acumulado contra mí. Fue entonces cuando supe que iba a ir a la prisión por mucho tiempo. Una semana después, cuando aún estaba en la cárcel, la policía hizo una redada en casa de mi madre con dieciocho coches de policía y un helicóptero sobrevolando. Me buscaban por unos cargos de drogas que yo ni siquiera conocía. No se dieron cuenta de que ya estaba detenido en la cárcel del condado.

Los policías tiraron la puerta abajo y entraron corriendo en la casa. Encontraron a mi madre y a mi padre e inmediatamente los encañonaron. Ahora, ten en cuenta que ellos estaban en el instituto bíblico, estudiando mucho y creyendo por mi salvación. Eso es lo único de lo que eran «culpables». La policía también encontró a mi hermana y a mi sobrina pequeña. Mi hermana era drogadicta, así que la pusieron de rodillas. Los policías pusieron a todos en el suelo mientras registraban la casa en busca de drogas o dinero.

La razón por la que allanaron la casa fue porque supuestamente yo había vendido drogas a un policía encubierto. En aquel momento yo no sabía nada de esta acusación. Buscaron por todas partes pero no encontraron nada que corroborara la acusación, y no estaban contentos. No encontraron drogas porque Dios hizo un milagro en mi favor.

Justo antes de la redada, estaba sentado en mi celda con la Biblia en las manos, orando a Dios para que me ayudara, y lo hizo. Me dijo: «La policía va a ir a tu casa. Saca la droga ahora mismo». Así que llamé a un amigo y le dije que se diera prisa en ir a casa de mi madre y sacara las drogas. Le dije: «Puedes quedarte con el dinero y las drogas. Solo asegúrate de que yo reciba el dinero cuando y si alguna vez salgo de aquí».

Pues bien, apenas veinte minutos después de que saliera de casa de mi madre con las drogas, la policía irrumpió en la casa. Si hubieran encontrado esas drogas en la casa, sé que nunca habría salido de la prisión. Fue la misericordia de Dios la que me salvó aquel día.

Agradecí que no encontraran las drogas, pero el hecho era que yo seguía en la cárcel acusado de malversación, y era más que culpable. Tenían todas las pruebas que necesitaban para encerrarme y tirar la llave, pero esta es la parte que sigo sin entender hasta hoy. Lo que había ocurrido con aquellos cargos de malversación solo puede describirse como un milagro. No tengo ni idea de por qué ni cómo ocurrió, pero una mañana, hacia las 2 de la madrugada, ¡la policía abrió la puerta y me dejó salir de la cárcel! Normalmente, la única forma de salir así es si te chivas o das nombres, pero no ocurrió nada de eso. Simplemente me dejaron salir sin fecha de juicio, sin nada. Abrieron la puerta y me dejaron salir. Llamé a un taxi y me fui a casa. No me lo podía creer; era casi como lo de Pablo y Silas en la Biblia (Hechos 16:16-40). Hasta el día de hoy sigo sin saber por qué me soltaron así. Todo lo que puedo imaginar es que Dios respondía a las oraciones de aquellas mujeres y se movía en mi vida. Era increíble. Todo era un milagro.

Cuando salí, fui directamente a casa de mi madre. Me sentí muy mal porque la policía allanara la casa de mi madre y destrozara el lugar; me sentí muy mal por todo el asunto. Era evidente que estaba disgustada; las puertas estaban rotas y dañadas, y todo el lugar era una ruina tras la redada. Pero intentaba caminar en el amor de Dios hacia mí porque era una mujer de fe. Junto con mi padre, se levantaban todas las mañanas a las 5:00 y oraban por mí, declarando la Palabra de Dios sobre mí.

Sabía que sus oraciones eran poderosas porque siempre que oraban, podía ver algo parecido al humo que entraba por debajo de la puerta de mi habitación. Me drogaba en mi habitación y el humo se filtraba por debajo de la puerta y llenaba toda la habitación. Sabía por intuición que si ese humo me tocaba, me debilitaría. Así que cuando eso ocurría, saltaba por la ventana de la habitación para alejarme de él. Todas las mañanas, durante hora y media, a veces dos horas, mis padres declaraban la Palabra de Dios sobre la puerta de mi habitación. Mirando hacia atrás, sé que mientras dormía, la gloria de Dios descansaba sobre mí gracias a aquellas fervientes oraciones.

«¡AHORA VOY POR TI!»

En aquellos días de locura, antes de entrar en la casa de recuperación, Dios me estaba haciendo saber que no se rendiría conmigo, pasara lo que pasara. Recuerdo que me compré un Ford Mustang de 1967, era mi orgullo y mi alegría. Una vez dejé el Mustang en casa de uno de los traficantes que cocinaban para mí.

A la mañana siguiente, volvía a casa para recoger el coche cuando recibí una llamada de la comisaría de policía: ¡alguien había chocado mi Mustang! Así que me apresuré para ir a casa, gritándole a Dios durante todo el camino: «¡Déjame en paz! ¡Sé que has sido tú! ¿Por qué no me dejas en paz?». Me detuve ante la casa, y he aquí que la policía tenía razón. Mi Mustang estaba empotrado contra un árbol del jardín delantero.

Un pequeño Ford Pinto había golpeado el Mustang, levantándolo, doblando el chasis y estrellando la parte delantera del coche contra un árbol. Enseguida me di cuenta de que estaba destrozado. Los policías me dijeron que la mujer que conducía el Pinto se había escapado de un psiquiátrico de Oregón. Se escapó en el Pinto, condujo durante más de quince horas y chocó contra mi automóvil, que estaba frente de la casa del cocinero. ¡Qué casualidad!

No me cabe la menor duda de que era Dios el que intentaba llamar mí atención. ¿Qué probabilidad había de que una loca escapara de un psiquiátrico de Oregón en un Pinto, de todos los coches baratos, acabara en Los Ángeles y destrozara mi Mustang de 1967? Era como si Dios dijera: «¡Ya basta! Tu vida tal como la conoces se ha acabado. Ahora voy por ti».

LA VIEJA VIDA TERMINA, COMIENZA UNA NUEVA

Después de dar algunas vueltas, mi madre encontró por fin una casa que tenía sitio para mí. Así que empaqué mi ropa y me preparé para ir a casa de mi amigo; él iba a llevarme. Acababa de graduarse del hogar y se dirigía a la iglesia, que era donde estaba el hogar.

Me presenté en su casa con mi ropa metida literalmente en una bolsa de basura. Por cierto, no me cabía nada de ropa, porque todo lo que llevaba en aquella época era ropa holgada de pandillero. Aquí estaba yo, una talla 28, llevando pantalones de la talla 44. Ahora suena ridículo, pero era lo que se llevaba en aquella época.

Así que estábamos pasando el rato en casa de mi amigo, y él me estaba explicando las normas de la casa. Me estaba diciendo que no podía escuchar música mundana, que no podía hacer esto, que no podía hacer aquello, y todas estas cosas que obviamente yo estaba haciendo. Le dije: «Está bien, como quieras». Entonces me dijo: «Asegúrate de decirle al pastor que vas a estar allí seis meses. Sé que solo piensas estar allí treinta días, pero dile que seis meses, porque esa es la norma del programa. Si le dices treinta días, no te dejarán entrar».

En mi mente, solo iba a este programa para limpiarme un poco, enderezar mi cabeza, hacer ejercicio... casi como una especie de mentalidad carcelaria, y después de treinta días me iría.

No tenía ninguna intención de limpiarme por completo ni de servir a Dios en absoluto.

Cuando empezamos a conducir hacia la casa, había una colina llamada Colima por la que teníamos que pasar para llegar a la iglesia. Desde lo alto de esa colina se ve realmente todo Los Ángeles. Estábamos subiendo por la sinuosa carretera en el coche con la novia de mi amigo, y recuerdo que pensé que aquello era un milagro. Me di cuenta de que Dios estaba haciendo algo poderoso en la vida de este muchacho. ¡Íbamos a la iglesia con su novia! Aquello no tenía ningún sentido para mí según el mundo en el que había estado viviendo.

Mientras subíamos la colina, miré hacia abajo, a las luces de la ciudad de Los Ángeles, y en ese momento me di cuenta de que mi vida no solo estaba cambiando, sino que mi antigua vida había terminado. Cuando pasamos la colina y descendimos a la ciudad de La Puente, supe que estaba entrando en una vida totalmente nueva.

TODO VA A SALIR BIEN

Paramos delante de un edificio que parecía un viejo almacén. Me quedé de piedra al descubrir que aquel viejo edificio era la iglesia. No sabía mucho sobre el aspecto que debían tener las iglesias, pero no creía que debieran parecerse a un almacén. Todo me parecía muy extraño. Al entrar, pensé: *¿Qué rayos es este lugar? ¿Y qué pasa con esta música y todo este baile? Esto es muy raro.* Fue entonces cuando mi amigo Billy se me acercó mientras bailaba.

La última vez que había visto a Billy, estaba pálido y demacrado, parecía un muerto que caminaba. Ahora estaba aquí, con aspecto de ángel. Estaba guapo, brillante, en forma, con la gloria de Dios sobre él. Además, ¡estaba bailando! Me sobresalté al verle, porque estaba radiante de la luz de Dios. El mero hecho de ver a Billy así acabó con mi orgullo y mi mala actitud ante lo que estaba ocurriendo a mi alrededor. Inmediatamente, sentí la presencia de Dios, y entonces supe que todo iba a salir bien.

Cuando terminó el servicio, subí y hablé con el pastor que dirigía el hogar y le dije que me quedaría seis meses. Fue bueno porque realmente sentí que tenía una conexión con él. Era el fundador de los Mongoles. Los Mongoles y los Ángeles del Infierno son probablemente las dos mayores bandas de motociclistas de la región, quizá de los Estados Unidos. El pastor era un hombre muy corpulento y de aspecto aterrador. Medía aproximadamente 6 pies y 6 pulgadas; era un hombre grande y macizo. Podía sentir que tenía mucho amor, pero al mismo tiempo, sabía que no debía meterme con él. Pero sentía que me quería y me comprendía. Poco sabía yo que no me quedaría en el hogar treinta días, ni siquiera seis meses. Estuve en ese hogar cinco años. Cinco años aprendiendo a caminar con Dios y a buscar su rostro cada día.

He sido muy bendecido a lo largo de mi vida y estar donde estoy hoy es realmente increíble. Cuando pienso en mi trayectoria y en todas las veces que Dios me rescató de una situación terrible, o me ayudó a aprender una valiosa lección de vida, o me protegió de los ataques del enemigo, es increíble y estoy muy agradecido.

Al terminar este capítulo, solo quiero recordarte que Dios también está siempre contigo, como ha estado conmigo a lo largo de toda mi vida. Ha prometido que nunca nos dejará ni nos abandonará (Deuteronomio 31:6). Sea cual sea la prueba por la que estés pasando, puedo prometerte que Él está a tu lado. Tiene un hermoso plan para salvarte, redimir tu vida y liberarte.

ESCANEA AQUÍ PARA ESCUCHAR EL TESTIMONIO DE LA PASTORA VIRGINIA SOBRE EL PODER DE LA ORACIÓN FERVIENTE.

5

CONVERSACIONES CON DIOS

Me tomo el tiempo de compartir contigo muchas de mis historias porque deseo que veas cómo Dios estuvo conmigo en cada paso del camino, por muy locas que se tornaran las situaciones. A pesar de todo, Él nunca me abandonó. Jamás me dio la espalda ni me dejó solo. Siempre estuvo a mí lado para atraerme amorosamente hacia Él, enseñándome con paciencia su esencia y la naturaleza de su reino. Una de las primeras lecciones que me impartió fue la oración.

APRENDER A ORAR

Aquel día entré en el hogar aún bajo los efectos de la metanfetamina. Sabía que iba a desintoxicarme, pero quería consumir lo último que me quedaba antes de ir a la casa de recuperación. Me pasé los primeros días durmiendo. Recordaba que el horario diario de la residencia era muy estricto, similar al del ejército. Estaban introduciendo una nueva disciplina en mi vida, algo que nunca había experimentado antes.

¡Era arriba y a brillar todas las mañanas a las 6:00! Tenía que levantarme, cepillarme los dientes, lavarme la cara y luego dirigirme directamente a la oración». Los líderes anunciaban al grupo: «Bien, ahora toca orar... durante una hora». En realidad, yo solo había orado al principio de mi vida, e incluso entonces, solo eran unas pocas frases cada vez. No tenía ni idea de cómo orar durante unos minutos, y mucho menos durante una hora entera. Bajaban las luces de la sala y todo el mundo empezaba a orar en el Espíritu, y la cosa se volvía bastante loca, muy pentecostal. Los chicos empezaban a gritar a Dios, todos a la vez. Había cuarenta y siete ex drogadictos en aquella habitación, orando juntos. Fue algo poderoso.

No sabía qué rayos estaba pasando. Así que me arrodillé y oré mis primeras oraciones, sencillas y tentativas, como: «Oh Dios, ayúdame a mantenerme sobrio». «Oh Dios, perdóname de mi pecado». Eso era todo. Eso era todo lo que tenía para decir. Así que aproveché el resto del tiempo para dormir. Cuando terminó el tiempo de oración y volvieron a encender las luces, me vieron acostado en el suelo dormido, y me preguntaron: «¿Cómo estás? ¿Estás bien?» Les dije: «Sí, estoy bien. Oremos un poco más; ¡aún estoy cansado!».

Pero más tarde, poco a poco, día a día, aprendí a orar durante cinco minutos, luego diez, luego quince y luego durante veinticinco minutos. Finalmente, aprendí a orar durante una hora entera. Ahora he ejercitado ese músculo de la oración hasta el punto de que puedo orar durante ocho o nueve horas seguidas. Así que cuando el Señor me llama para que lo haga hoy, no es ningún problema. Pero todo empezó con una pequeña oración.

En nuestra iglesia enseño mucho sobre la oración. Siempre digo: «Una hora de oración al día, al diablo lejos envía». Así que, si quieres orar durante una hora, pero crees que no puedes, no te desanimes si es durante cinco o diez minutos o lo que sea; poco a poco, lo harás mejor.

En mi mente, seguía en un viaje de treinta días, pensando que lo dejaría cuando terminara el mes. Pero en algún momento de esos treinta días, empecé a tener poderosos encuentros con Dios. Decidí que quizá me quedaría noventa días. Finalmente, acabé quedándome cinco años.

UNA PALABRA ENGAÑOSA

Me hice amigo de un chico del barrio. Era un tipo brillante, pero salvaje, como un hijo pródigo. Estaba en el hogar para poder recuperarse de su adicción a las drogas y la cocaína. Me cayó bien y nos hicimos muy amigos. Era un tipo listo y muy agradable.

Me di cuenta de que tenía un don de Dios. Pero se metía en lo oculto y a menudo utilizaba su don de forma pervertida y para cosas equivocadas. Estaba en el Reino de Dios, intentando hacer lo correcto, pero tenía lo que ahora conozco como un espíritu familiar, que es cuando una fuerza demoníaca te controla. Es extraño cuando uno no está bien relacionado con Dios, como la gente que lee la mano y todo eso. Muchos de ellos tienen un don de Dios, pero han permitido que el enemigo lo corrompa.

De todos modos, estaba contando cosas a la gente y leyendo las palmas de las manos, cosa que no estaba permitido hacer, pero él lo hacía a escondidas, lo hacía aparte. Me picó la curiosidad y le pregunté: «¿Qué haces?». Me dijo: «Oh, solo le hablo a la gente de su futuro y esas cosas». Me quedé fascinado y quise saber más. Me dijo: «Déjame ver tu identificación. Déjame ver tu mano».

Le entregué mi documento de identidad y le dejé que me viera las manos, y me dijo: «Esta noche, en la reunión de avivamiento, el predicador te va a llamar al escenario. Te dirá que Dios te ha llamado al ministerio».

Efectivamente, esa noche llegó y fuimos todos juntos a la reunión. El lugar estaba abarrotado, con unas cuatrocientas o quinientas personas. Incluso antes de que empezara la reunión, pude notar que la unción era fuerte aquella noche; el poder de Dios estaba allí. El predicador era un poderoso hombre de Dios; había visto a este varón levantar a personas de sus sillas de ruedas. Se llamaba Philip LaCrue, un evangelista muy fuerte en la unción. Ahora está con el Señor, pero era muy poderoso en aquellos días.

Justo en medio de su mensaje, me llamó de entre la multitud, diciendo: «¡Joven, sube aquí!». Me subió al escenario, me miró a los ojos y me dijo: «El Espíritu de Dios te dice: "Dios te ha llamado al ministerio. Vas a predicar el Evangelio por todo el mundo"».

No lo recuerdo, pero más tarde me dijeron que cuando él oró por mí, salí volando: Me derribó el poder del Espíritu Santo. No había nadie detrás para atraparme, así que salí volando hacia atrás cuando me tocó. El poder de Dios me tocó y me quebrantó. Pensar que Dios no solo pensaba en mí, sino que tenía un plan para mi vida, me sobrecogió por completo. Me quedé de piedra. Allí mismo respondí a la llamada de Dios. Le dije a Dios: «Sí, lo haré. Estoy listo».

Volví a casa después de la reunión flotando en el aire. Quedé muy emocionado. Me desperté al día siguiente y lo primero que quería era volver a hablar con mi amigo. Ten en cuenta que aún se estaba recuperando de las drogas. Así que le pregunté: «Oye, ¿tienes alguna otra palabra de Dios para mí?». Me contestó: «Sí, sí, te daré otra». Fue extraño; este tipo podía entrar y salir del Espíritu así como así. Primero estaría en el Espíritu y luego en la carne. Pero en aquel momento, era demasiado joven e inmaduro en el Señor para discernir lo que estaba haciendo, lo cual era un problema. La primera palabra que me dio es que Dios me llamaba al ministerio, fue una palabra de sabiduría, y dio en el clavo. Pero la siguiente palabra que dio fue una palabra engañosa. Me dijo: «Vas a caer sobre una mujer, pero volverás más fuerte que nunca». Y yo dije: «Vaya, eso está bien».

Por falta de conocimiento, empecé a hacer las maletas. Quería darme prisa en caer y volver porque quería servir a Dios. Uno de los empleados me miró y me preguntó: «¿Qué rayos estás haciendo?». Le contesté: «Oh, voy a caer y volver porque quiero servir a Dios». Me miró como si estuviera loco. Me dijo: «¿De qué estás hablando?». Entonces agarró la Biblia y la abrió en donde dice que Dios puede evitar de que caigas. Cuando lo vi, fue una revelación. Estalló en mi espíritu. Pensé: ¡Un momento, ese tipo me ha mentido! Me di cuenta de lo cerca que había estado de perder la vida. Si me hubiera caído, nunca habría vuelto. Me enfrenté a ese tipo: «Oye, ¿por qué me has hecho eso?». Entonces se manifestó y empezó a insultarme. Fue entonces cuando me quedé en blanco.

Es difícil explicar exactamente lo que me ocurrió. Quizá lo mejor sea utilizar el ejemplo del hombre de la Biblia que estaba poseído por un demonio. Era el hombre al que Jesús echó la legión de demonios y que tenía una fuerza sobrehumana (Marcos 5:1-20). Creo que es una historia real porque a mí me pasaba lo mismo de vez en cuando: tenía una fuerza sobrehumana. No sé cómo explicarlo teológicamente. Solo te cuento lo que me ocurrió a mí.

OTRO MILAGRO DE DIOS

El tipo se estaba volviendo loco, insultándome, y algo en mí se rompió. Agarré una litera de metal pesado, como una litera del ejército, y la lancé al otro lado de la habitación. Luego golpeé al tipo en la cabeza. Salió volando por una ventana y rompió el cristal con la cabeza. Pensé: *¡Ay, se acabó! He visto pasar esto mismo cientos de veces. Va a sacar la cabeza por la ventana y se va a quedar todo cortado. Le van a hospitalizar y yo voy a ir a la cárcel.* En aquel tiempo estaba en libertad condicional, así que estaba dispuesto a agarrar las maletas y huir a México. Pero el tipo sacó la cabeza por la ventana y no tenía ni un rasguño.

Entonces me ocurrió algo —y así es como supe que había sido salvo de verdad—: me sentí terrible por lo que había hecho. Ese sentimiento era nuevo para mí. Nunca me había sentido mal por hacer daño a nadie; de hecho, me regocijaba en ello. Pero así supe que el Espíritu Santo estaba obrando en mí. Corrí directamente al baño y empecé a gritar a Dios: «Dios, ¿por qué soy así? ¿Por qué me he vuelto a quedar en blanco? Ahora soy cristiano; se supone que ya no debo hacer eso. ¿Por qué me he quedado en blanco como antes?». Aquí es donde Dios me estaba enseñando sobre la liberación.

Obviamente, debían echarme de la casa; esas eran las reglas. Uno no puede estar en casa y pelear así. Es una expulsión automática. Cuando me llamaron a la oficina, estuve orando por misericordia todo el tiempo. No quería irme, sobre todo en esas circunstancias. Se me rompió el corazón. Le dije al pastor Andy: «No sé qué me pasa. No lo sé. Me quedé en blanco. Algo me pasa».

Fue entonces cuando Dios realizó otro milagro. El Espíritu Santo habló al pastor Andy, diciéndole: «Si echas a Jason, morirá. Tienes que darle una segunda oportunidad». Entonces dijo: «Nunca he hecho esto. He dirigido este hogar durante años y nunca he hecho esto. Pero Dios me está diciendo ahora mismo que tengo que darte otra oportunidad. Así que voy a darte otra oportunidad. Pero vas a tener treinta días de disciplina».

Durante treinta días, tuve que limpiar toda la vajilla de cuarenta y siete hombres. Eran cacerolas grandes y platos pesados, como los del ejército, cientos de ellos. Me llevaba horas. Empezaba después de cenar y estaba trabajando en el temido foso de los platos hasta medianoche. Cuando terminaba, estaba mojado, tenía frío y me sentía miserable. Pero era mejor que me echaran de casa.

UNA LECCIÓN DE PERDÓN

Aunque entonces no me daba cuenta, mi vida estaba prácticamente paralizada por la ira y la falta de perdón. Una vez, un director del personal me llamó la atención. Se me acercó mientras yo lavaba los platos. Dios utilizó mucho a este chico en mi vida en aquellos primeros años, pero también a veces podía ser muy antagónico y carnal. Era un gran samoano. Había estado en unos diez hogares diferentes. Se las ingenió para entrar en hogares y permanecer allí durante años, hacer el bien, recaer y luego volver a otro hogar. Era su rutina. Se acercó a mí y me dijo: «¿Cómo te va, hermano?», con voz arrogante, solo intentaba meterse en mi piel... y funcionaba. Volví a sentir aquella vieja ira familiar. Dije: «Todo es alegría, hermano». No intentaba ser amable citando las Escrituras; básicamente le estaba diciendo: «Voy a pegarte».

Iba a agarrar una sartén para golpearle en la cabeza con ella, pero él vio lo que estaba haciendo, y lo siguiente que sucedió es que Dios le estaba utilizando poderosamente. «¿Sabes qué, Jason? Voy a decirte algo», dijo, calmando la situación. «Tienes que ir a esa sala ahora mismo». Era la sala de oración que había al lado de donde estábamos. Dijo: «Tienes que ir a esa sala y perdonar a tu padre».

No sabía absolutamente nada de mi padre. Pero cuando me lo dijo, toda la habitación empezó a dar vueltas. Me sentí como si Mike Tyson acabara de darme un puñetazo en las tripas porque estaba a punto de ser libre. Sus palabras me golpearon en el núcleo de mi dolor. Entonces me dijo: «No te preocupes por los platos. Conseguiremos a otra persona que los lave por ti. Solo tienes que entrar en esa sala». Así que entré en la sala de oración y me puse de rodillas. Debí de estar allí tres o cuatro horas, perdonando a personas de mi pasado a las que nunca había perdonado, empezando por mi padre.

Perdonarle fue algo insoportable porque yo quería a mi padre, y sigo queriéndolo. Solo tenía que perdonar su abandono. Estaba muy unido a mi padre cuando era pequeño. Siempre me llevaba a pescar. Conocía a mi padre. Tenía buenos recuerdos de nosotros juntos. Pero entonces, después de eso, me abandonó, rompiéndome el corazón. Estaba destrozado. Tuve que soltar todo eso, y fue duro, pero lo hice.

Luego tuve que perdonar a la siguiente persona, que era mi padrastro. Esto fue especialmente difícil porque abusaba de mí cuando era niño. A menos que hayas pasado por ello, no hay forma de que puedas entender lo que es que abusen de ti todos los días. Es una locura. Es como estar en un psiquiátrico con gente loca. Vives en un entorno demente. Me destrozó el alma. Pero Dios dijo: «Tienes que perdonarle». Así que le llamé por su nombre y le dije lo que había hecho, y luego lo dejé ir.

Después, perdoné a mi hermanastra porque también abusaba de mí. Luego tuve que perdonar a mi hermanastro porque solía acosarme. Mientras hacía oraciones de perdón, el Señor me dijo a la siguiente persona a la que tenía que perdonar, lo cual me sorprendió. El Señor me dijo que perdonara a mi madre. Me sorprendió porque, en la cultura hispana, tu madre posee una condición cercana a la de un santo; ¡puedes decir lo que quieras de mi padre, pero no te atrevas a hablar de mi madre!

Mi madre nunca me abandonó. Hizo todo lo que pudo, obviamente cuidando de nosotros. Pero tenía sus propios problemas. No fue fácil para ella ni mucho menos. Pero Dios me dijo: «Tienes que perdonar a tu madre. Cuando eras pequeño, culpabas a tu madre por elegir a tu padrastro en vez de a ti».

Aunque la amenazaba con matarla si se iba, de niño yo no lo podía entender. No sabía cómo procesarlo. Cada vez que intentábamos alejarnos de él, ella siempre acababa volviendo. Nos encontraba, escapábamos y nos volvía a encontrar. Siempre daba miedo cuando se presentaba en casa. Me daba mucho miedo de niño e incluso de adolescente. También era un hombre grande e imponente. Medía 6 pies, 1 pulgada, pesaba 220 libras, no tenía nada de grasa, tenía brazos de 20 pulgadas y había estado en la infantería de marina. Solía quemarse con cigarrillos en los brazos y continuamente portaba todo tipo de armas. Probablemente por eso no tuve miedo de nadie cuando fui mayor, porque tuve que lidiar con eso mientras crecía.

El Señor me dijo: «Tienes que perdonarla». No me lo podía creer. Aquí es donde mucha gente se atasca; hay personas a las que debes perdonar y que tal vez ni siquiera sepas que necesitas perdonar, incluso desde la infancia. El Señor me estaba diciendo que la perdonara porque estaba afectando mi estado actual. Así que perdoné a mi madre.

CONVERSACIONES CON DIOS

Luego perdoné a todas las demás personas que me habían hecho daño. Incluso tuve que perdonarme a mí mismo. El perdón fue una batalla que tuve que librar para estar sano y entero.

Después de perdonar a todos los que se me ocurrieron, salí de la sala de oración, me fui a la cama y dormí como un bebé. Fue el mejor sueño que había tenido en mi vida. Me desperté al día siguiente, y todo lo que veía parecía Candy Land, el juego de los niños. Así fue durante tres días seguidos. Gracias a Dios que era nuevo en la casa, así que no tenía muchas responsabilidades.

Durante tres días seguidos, básicamente no funcioné. Estaba en el reino del Espíritu.

Lo que experimenté en aquellos tres días fue asombroso; los árboles alababan a Dios, oía el cantar de los pájaros por primera vez en mi vida y adoraban a Dios. Lo veía todo con ojos nuevos, y los colores eran muy vivos. Recuerdo que fue entonces cuando me di cuenta de que era daltónico. Lo normal para mí era verlo todo en diferentes tonos de gris. Pero ahora, no solo todo era en color, sino de un color vivo, como Dorothy en la Tierra de Oz.

Después, más o menos al tercer día, empezó a desvanecerse, como si despertara de un sueño. Por muy geniales que hubieran sido los tres últimos días, sabía que no podía vivir mi vida así. Pero a partir de ese día, nunca más me quedé en blanco ni me enfadé así. Ya no volví a pelearme como antes en mi vida. El perdón había hecho que ese espíritu de ira abandonara mi vida para siempre.

6

SÉ LO QUE
SE SIENTE

Estoy muy agradecido por cada una de estas historias de mi vida. No importa cuan locas, difíciles, divertidas o tristes que sean, se han convertido en parte de lo que Dios ha utilizado para convertirme en el hombre que soy hoy. Estoy agradecido porque, como los ladrillos de un edificio, Dios utilizó cada una de esas experiencias para construir mi vida. Soy el pastor que soy hoy gracias a esas experiencias vitales. Así que estoy sinceramente agradecido por ellas.

Estoy agradecido porque son mis historias las que me permiten sentir el dolor de los demás. Escucho sus gritos porque sé lo que es sufrir abusos, ser abandonado y quedarse sin padre. Sé lo que es ser pobre; crecí rodeado de pobreza y carencia. Porque he vivido la vida que he vivido, sé lo que es que te digan que eres estúpido y feo, y que nunca lo conseguirás. Me dijeron esas cosas todos los días de mi vida mientras crecía.

Porque he estado en la cárcel, sé lo que es estar sometido, que me quiten la libertad y acostarme cada noche temiendo por mi vida. Sé lo que es querer suicidarme y sentir esa desesperación implacable. Sé lo que es no tener ninguna esperanza o sentir que la poca esperanza que tenía se convertía en ira y rabia, endureciéndome para que nadie volviera a hacerme daño. Sé lo que es hacer tanto daño que declaré que, a partir de ese momento, sería yo quien haría daño a los demás. Sé cómo se siente ese tipo de posesión demoníaca.

Cada día me levanto de la cama con el pleno conocimiento de que hay personas en este momento en mi ciudad y en todo el mundo que están sufriendo. Están clamando y si me quedo sentado sin hacer nada, estas pobres personas podrían morir en su soledad, esclavitud, desesperación, dolor y pecado. Pero, cuando cierro los ojos, puedo ver sus rostros, lo que me impulsa a seguir adelante cada día.

Así que, sí, doy gracias a Dios por estas historias porque se han convertido en parte del tejido del plan de Dios para mi vida.

MIS MODELOS DE CONDUCTA

Siempre he pensado que probablemente hay dos personas en la Biblia con las que más me identifico, pero ahora, mientras escribo, se me ocurre una tercera e incluso una cuarta. El primero es Pablo, porque ciertamente me he sentido como él alguna vez en mi vida. Al igual que Pablo, Dios me derribó del caballo, haciéndome caer de bruces en el suelo. Recuerda que Dios le dijo a Pablo: «Dura cosa te es dar coces contra el aguijón» (Hechos 26:14 RVR1960). Dios le dijo a Pablo: «Esta es tu última oportunidad, amigo. Si no me sirves, eres hombre muerto». ¡A veces necesitas un ultimátum como ese cuando Dios te derriba del caballo! Eso es lo que me ocurrió a mí. Me derribó y me dijo: «Estás trayendo destrucción en la ciudad. Estás arruinando la vida de muchas personas. Se te ha acabado el tiempo, amigo. Ya basta. O me sirves o estás acabado». Por eso me identifico tanto con Pablo. Era mucho peor que un asesino. Era un tipo asesino en serie o sicario. Sin embargo, Dios no solo le perdonó, sino que le utilizó poderosamente. Cuando recibí la salvación, la revelación de Pablo fue como mi revelación. La renovación de mi mente fue completa, como lo fue la de Pablo. Tenía una segunda oportunidad de responder al llamado de Dios.

Cuando llegue al cielo, quiero sentarme a mantener una larga conversación con Pablo y con otra persona con la que me identifico, David. ¡Me encanta el rey David! Conecto con quien era el rey David en las Escrituras por su amor apasionado a Dios. Mi viaje de intimidad con Dios, conocer a Dios y estar cerca de Él me recuerda mucho al viaje de David. Quiero estar tan cerca de Dios como lo estuvo David. Salió de la oscuridad simplemente porque era un hombre conforme al corazón de Dios.

La tercera persona de las Escrituras con la que me identifico, y probablemente con la que más conecto, es Moisés. Asesinó a un hombre en Egipto y luego huyó por su vida al desierto. Sin embargo, a través de una zarza ardiente, Dios llamó a Moisés desde el fondo del desierto para que regresara a Egipto y se presentara audazmente ante el faraón y declarara: «¡Deja ir a mi pueblo! Libéralos de su servidumbre y esclavitud. Déjalos marchar». Esa es mi vocación, enfrentarme a nuestro enemigo, el diablo, el «faraón» de este mundo, y declarar con valentía: «¡Deja ir a mi pueblo!». He aprendido mucho a través del ejemplo que dio Moisés. La Biblia dice que era el hombre más humilde de la Tierra, y sin embargo fue uno de los más poderosamente utilizados.

La cuarta persona con la que me identifico es el segundo de Moisés, Josué, que sirvió bien a Moisés y fue un guerrero valeroso. Dios le llamó para recuperar la Tierra Prometida, tomando una nación de esclavos y convirtiéndola en una nación de guerreros para luchar contra los enemigos de Dios. ¡Esa sí que es una llamada con la que puedo identificarme!

«Dios tiene un plan para tu vida». Cuando oí eso por primera vez, en mi mente pensé: *Sí, un plan para hacerme daño; un plan para maldecirme.* Porque me sentía como un joven herido y maldito. Pero entonces me di cuenta de la verdad. Me di cuenta de que si Dios podía utilizar a hombres como Pablo, David, Moisés o Josué, incluso después de todas las cosas terribles que hicieron, quizá también pueda utilizarme a mí.

Fue entonces cuando Dios me dio el versículo de Jeremías 29:11 (NVI): «Porque yo conozco los planes que tengo para ustedes —afirma el Señor—, planes de bienestar y no de calamidad, a fin de darles un futuro y una esperanza». Después de leer eso, le dije a Dios: «Lo que quieras que haga, adonde quieras que vaya, lo que sea que necesites de mí, soy tuyo, te lo entrego todo». He intentado vivir así durante los últimos treinta años.

UNA LECCIÓN DE QUEBRANTAMIENTO

Una de las principales fortalezas en mi vida solía ser el orgullo, lo cual me resulta un poco sorprendente hoy en día, echando la vista atrás, teniendo en cuenta que surgió al ser rechazado y sentirme inseguro. En ese tiempo, nadie podía decirme qué hacer ni cuándo hacerlo. Así que Dios tuvo que romper ese orgullo y enseñarme a someterme al liderazgo. Es interesante porque Dios me puso bajo varios líderes cristianos que eran tan carnales que nunca sabrías que eran cristianos. No les gustaba nadie, y no es sorprendente que ninguno de ellos esté sirviendo a Dios hoy en día. Pero Dios utilizó a estas personas para fastidiarme a propósito y revelar el orgullo que había en mi corazón.

Dios me hizo pasar un par de años con malos jefes para renovar mi mente. Dios me estaba preparando para su propósito futuro, y sabía que no había lugar para el orgullo. Estaba forjando mi carácter en las llamas de la frustración al hacerme soportar a esos líderes tan terribles. Utilizó a estos hombres para enseñarme, aunque la mayoría de ellos no estaban bien con Dios en absoluto. Yo lo sabía, y aun así siempre me hacían cosas, intentando ofenderme.

Pero Dios me enseñó a responder con humildad y no con el orgullo: «Acércate a ellos y discúlpate. Diles que lo sientes aunque no hayas hecho nada para ofenderles», sabiendo muy bien que no me equivocaba. Pero aprendí que no se trataba de ellos, ni de quién tenía razón o quién estaba equivocado. Se trataba de que Dios rompiera ese orgullo en mí. Cuando les decía: «Siento haberte ofendido», me respondían con una mirada altiva y orgullosa, que me daban ganas de salir corriendo y pegar a alguien. Era interminable.

Mientras vivía en el hogar, empecé a trabajar para un cristiano, pero era un jefe cristiano malvado. Era muy detallista y cruel; esto me enfadaba mucho. Una vez casi le pego con una desbrozadora! Pero ese espíritu de ira había desaparecido, así que no lo hice, pero podía sentir cómo empezaba a surgir ese viejo sentimiento conocido. Lo había vencido, así que no lo hice, pero me enfadaba mucho. A veces me sentía tan miserable que lloraba todo el camino a casa después del trabajo. Gritaba: «Dios, ¿por qué?», y Dios se limitaba a decir: «Sé que es duro, mijo. Pero humíllate. Busca el lugar más bajo. Dile que sientes todo lo que ha ido mal». Yo decía: «Vaya, Dios... ¿estás seguro de eso?». Dios me amaba lo suficiente como para quebrar mi orgullo.

Luego había otro jefe, un supervisor de obras, un tipo notoriamente cruel. Este tipo ni siquiera era cristiano, era muy cruel. Entonces, cada vez que me gritaba Dios me hacía responder diciéndole: «Siento si he hecho algo malo o algo que te haya ofendido».

Después tuve otro jefe, un contratista cristiano. Era un hombre grande y alto, como mi padrastro. Era muy imponente. Me menospreciaba y me hacía sentir estúpido y eso me enfadaba. Una vez me enfadé tanto que casi le pego con una pala. Pero Dios me dijo: «De eso es de lo que vamos a ocuparnos, de ese orgullo que tienes; eso no puedes llevarlo a donde yo te envío». Recuerda, la humildad te mantendrá abierto y sensible a la palabra del Señor.

La lección de la humildad es muy importante que la aprendamos en nuestra vida como cristianos. Debemos llevar la humildad como un ingrediente primordial de nuestro carácter. La clave de nuestra humildad es el quebrantamiento. El contentamiento proviene de nuestro quebrantamiento, de ser agradecidos y de no olvidar nunca el «Egipto» del que Dios nos ha sacado. Creo que esa fue una gran lección que Dios tuvo que enseñarme. Mi pastor siempre me recordaba, incluso hoy: «Mantente humilde, joven». Él trataba con muchos drogadictos y gente desastrosa como yo. Me dijo: «Estabas muy desordenado cuando te vi. Voy a ser sincero, no creía que fueras a conseguirlo. Pero, cada vez que predicaba, tú eras el que estaba delante en el altar. La gente salía de la iglesia y tú seguías allí, de bruces en el altar. Después de un tiempo, pensé: "Quizá Dios vaya a hacer algo con este chico"».

Poco a poco, mi pastor empezó a ver lo que Dios estaba haciendo en mi vida y siguió inculcándome la humildad. Hasta el día de hoy, busco desarrollar la humildad en mi vida. No una humildad falsa y «religiosa», sino una actitud sincera de gratitud que me ha servido a lo largo de los años. Tengo que acordarme de permanecer humilde y quebrantado ante el Señor con todo lo que Dios me ha dado, porque no quiero volver a pasar por ese tipo de humillación; prefiero humillarme a mí mismo. La Escritura dice: «O caes sobre la roca, o la roca cae sobre ti» (Mateo 21:44). Hace años decidí que iba a humillarme, y me di cuenta de que la forma más rápida de hacerlo era permanecer con gratitud y agradecimiento.

LA FORTALEZA DE LA OFENSA

Según Marcos 4, el enemigo viene a robar la Palabra poco después de haber sido sembrada en nuestros corazones. Una de las formas en que roba la Palabra es a través de la ofensa. La ofensa es el resentimiento que alguien *elige* porque se siente insultado de alguna manera; forma parte de nuestra naturaleza carnal. Fíjate en que he dicho «elige». La ofensa no es algo que simplemente le ocurre a la gente; deben elegir si se ofenden o no.

Algunas personas, como yo, fueron educadas para ofenderse fácilmente. La ofensa estaba a mi alrededor mientras crecía. Creía que era la respuesta habitual cuando me sentía agraviado de alguna manera. En aquel momento no me di cuenta de que se trataba de otra peligrosa fortaleza que me impedía ser todo lo que Dios me había creado. Esta fortaleza me impedía cumplir mi vocación de dedicarme al ministerio de por vida. Dios sabía que esta fortaleza también tendría que ser derribada si quería tener éxito. Sabía que siempre hay una oportunidad de ofender cuando estás en el ministerio. Esto fue algo que Dios tenía que tratar en mí antes de poder confiarme más influencia. Quería tratar con la raíz de amargura que había crecido en lo más profundo de mi corazón por todos esos años de elegir el delito.

Dios me humillaba y me enseñaba a vencer la ofensa porque Él sabía que yo no podía llevar la ofensa a los lugares a los que Él quería que fuera. Él sabía que yo dirigiría a miles de líderes en todo el mundo y les enseñaría cómo dirigir a miles de personas. La ofensa era un lujo que ya no podía permitirme. Es una de las principales áreas que el diablo utiliza para descalificar a la gente en la carrera. Por esta razón, Dios me llevó al extremo en este asunto, dándome todos esos terribles jefes. Me enseñó a tratar con humildad a las personas difíciles en lugar de optar por ofenderme. Hoy entreno a nuestros jóvenes en este mismo proceso. He aprendido que incluso la relación matrimonial será más fácil de lo que crees si aprendes a superar esto; todo es cuestión de humildad.

En mi iglesia, tenemos tolerancia cero con las ofensas. Es una zona «sin ofensas», una zona «sin contiendas». Si te ofendes, tienes que soltar la ofensa. Incluso Jesús dijo que si tu hermano te debe, es mejor recibir el golpe y comerse la deuda por el bien de la paz y confiar en que Dios te revindique. Ese era mi problema. Siempre sentí que tenía que vengarme. Pero Dios dice: «No, ahora yo soy tu vengador. Soy tu recompensa grandísima. Soy tu defensor. Soy tu protector. Ahora soy tu padre. Confía en mí». A veces lleva mucho tiempo, pero finalmente aprendes a confiar en Dios.

Todas aquellas personas que me ofendían mientras yo seguía creciendo y madurando en el Señor, al final me di cuenta de que nunca se trataba de ellas. Se trataba de que yo eligiera a Dios en lugar de la ofensa. Dios sabía que mi ofensa no iba a cambiar nada. Todos esos jefes iban a seguir siendo igual de crueles tanto si me ofendía o no.

Es curioso, porque todos los jefes que tuve durante años eran iguales; todos eran crueles y duros. Oré todos los días para que Dios me diera otro trabajo. Luego conseguía un nuevo trabajo y era lo mismo: un jefe malvado. Esta tendencia continuó persiguiéndome hasta que finalmente, en mi último puesto, Dios dijo: «Vale, has aprendido esta lección; la humildad se ha incorporado a tu corazón». Este es el quebrantamiento del que hablo. Como me recordó mi pastor, debemos permanecer quebrantados ante el Señor.

Aprendí que podías humillarte o esperar a que Dios tuviera que humillarte. Dios me humilló antes, ¡y no me gustó mucho! Es mucho mejor elegir vivir con humildad, con auténtica humildad. Ahora me mantengo quebrantado porque no quiero olvidar nunca la casa de esclavitud de la que salí. No elijo recordarla por el dolor; la recuerdo de forma agradecida por las muchas lecciones que aprendí.

LA HUMILDAD, TU ARMA SECRETA

Aprendí que el quebrantamiento es el secreto de la guerra espiritual. Tuve quebrantamiento cuando no tenía nada más. Aún no tenía fe. Aún no conocía la Palabra de Dios. Aún no sabía cómo operar con los dones del Espíritu. Pero estaba roto; tenía humildad. El quebrantamiento, la acción de gracias y la alabanza son las armas espirituales más poderosas que puedes tener en tu arsenal. El diablo no tiene respuesta contra ese tipo de armas.

Les digo a los jóvenes cristianos: «Puede que aún no conozcas la Biblia. Puede que no tengas la escritura adecuada para el momento, pero da gracias a Dios por haberte salvado y por todo lo que ha hecho en tu vida. Puede que no estés donde quieres estar, ¡pero da gracias a Dios por no estar donde solías estar!». Solo con eso te librarás de toda guerra y volverás a poner al enemigo en su sitio. Así es como Pablo se liberó de la cárcel. Él y Silas simplemente alabaron a Dios. Dieron gracias a Dios. Estaban adorando al Señor cuando vino con poder, sacudió los muros de la prisión y los liberó.

Ese tipo de gratitud nos levanta de la depresión y nos libera de las ataduras. Yo solía luchar contra ese tipo de depresión mental. Debido a la forma en que me afectaba la metanfetamina, me encontraba emocionalmente por todas partes. El quebrantamiento y la alabanza eran dos de las formas en que podía romper ese sentimiento antes de aprender a utilizar la Palabra. Después, me estabilicé mediante la alabanza, la acción de gracias, la adoración y la Palabra. Ésa es probablemente una de las razones por las que hoy estoy tan cerca de Dios. Finalmente aprendí que cuanto más cerca estaba de Él, mejor me sentía.

Cuando eliges vivir con ese tipo de perspectiva, con una actitud de gratitud, no existen los días malos. Cuando el diablo venga contra ti, diciéndote: «Tus oraciones no funcionan. Dios no te escucha. Te ha abandonado». Podrías empezar a compadecerte de ti mismo, pensando: *Señor, estoy aquí sirviéndote, y estoy solo.* Pero el quebrantamiento y la alabanza tienen el poder de acabar con esa fiesta de lástima si nunca te olvidas de dónde vienes. Tienes la seguridad de que Dios te escucha y te oye. Recuerdas que Él da gracia a los humildes y proporciona humildad y poder a los débiles. ¡No olvides nunca de dónde vienes! ¡Agradece por todo lo que Dios te ha dado!

7

ESCÓNDETE Y BUSCA

Lo único que le pido al Señor
—lo que más anhelo—
es vivir en la casa del Señor todos los días de mi vida,
deleitándome en la perfección del Señor
y meditando dentro de su templo.
5 Pues él me ocultará allí cuando vengan dificultades;
me esconderá en su santuario.
Me pondrá en una roca alta donde nadie me alcanzará.

Salmos 27:4-5 NTV.

PROFUNDIZAR MI RELACIÓN CON EL SEÑOR

Me ocurrió algo interesante cuando todo aquel orgullo y ofensa empezaron a desvanecerse. Dios puso en mi interior un insaciable apetito por Él. Me encontré deseando conocerle más, sumergirme más en Su presencia y deleitarme continuamente con la Palabra de Dios.

Con todo mi ser, empecé a profundizar mi relación con Dios mientras aún vivía en el hogar. Muchos otros chicos de la casa pasaban el rato hablando. Mientras tanto, yo intentaba encontrar un lugar tranquilo para leer, orar y acercarme a Dios. Por desgracia, toda mi vida de oración giraba en torno a los horarios de un grupo de hombres. La falta de intimidad era dura para mí. Quería tener mi propio lugar donde Dios y yo pudiéramos estar juntos. Esa era mi oración y todo lo que quería en aquellos días.

Finalmente, Dios me bendijo con un pequeño lugar que contenía una cama doble, un pequeño escritorio y una cómoda; eso era más o menos todo lo que cabía en ese espacio. Estaba justo detrás de la casa de mi pastor, y me sentí muy feliz por aquella respuesta a la oración. Era un espacio diminuto, pero era todo mío. Viví allí unos cuatro años, y allí aprendí a orar. Mirando hacia atrás, puedo ver que aquellos años fueron para mí una época de consagración.

Izquierda: Jason en su boda, con su hermana y su hermano.

Derecha: **Jason
Lozano, veinte
años en el instituto
bíblico del hogar
de hombres.**

En ese pequeño lugar empecé a profundizar mi relación con Dios. Trabajaba lo justo para ganar lo necesario para pagar el instituto bíblico y el alquiler, el resto del tiempo lo pasaba con Dios. Estaba constantemente en el altar de la iglesia. Muchas veces oraba toda la noche, siempre pasando tiempo con Dios. Ese era todo mi mundo durante aquellos años.

Para llegar al instituto bíblico tenía una hora en bici. Antes de poder permitirme la bicicleta, era un viaje en autobús que me llevaba o a veces tenía que ir caminando, aunque lloviera. Así de intensamente anhelaba que me fuera bien en la escuela. Estaba dispuesto a hacer lo que hiciera falta para tener éxito. Créeme, fue duro y tuve que superar muchas cosas. Dios tuvo incluso que volver a enseñarme a leer y escribir correctamente. Era casi como aprender un nuevo idioma, debido a la vida que había llevado antes de venir al Señor.

Por mucho que buscaba al Señor, el enemigo había intensificado sus ataques contra mí, esforzándose por robarme la Palabra. El diablo intentaba mentirme cuando iba de camino a la escuela. Había veces en que caminaba bajo la lluvia y pasaban otros chicos conduciendo coches bonitos. Eran buenos chicos, y teníamos la misma edad, pero el diablo me decía: «Tú no perteneces aquí. Eres demasiado estúpido para ir a esta escuela. Mira, todos los demás van en coche, y tú estás aquí caminando bajo la lluvia. Eres un idiota y ni siquiera sabes leer».

Cada vez que me sentaba a hacer una tarea, debía tener un diccionario abierto en el escritorio porque no sabía leer. Lo pasaba muy mal porque aprendía muy despacio. Debía tener un diccionario solo para poder leer mis libros. Me sentaba en clase y el enemigo me mentía diciéndome: «Vete de aquí, no perteneces a este lugar, eres estúpido, ¿qué haces aquí?». Tuve que luchar contra esa negatividad todos los días durante mucho tiempo. Seguí yendo a clase y profundizando mi relación con Dios. Incluso en las pausas para comer, cuando todo el mundo salía a comer, iba a la capilla y pasaba tiempo con Dios.

Los ataques del enemigo eran algo cotidiano. Así que tuve que tomar una decisión constante, diciendo: «No, no voy a hacer eso. En lugar de eso, voy a buscar a Dios. Voy a seguir profundizando mi relación con Dios». Durante ese tiempo, me ponía a estudiar las Escrituras, a sumergirme en la Palabra de Dios, a hacer todo lo que sabía para llegar a Él, y a buscarle en la oración.

El dinero ya ni siquiera me atraía. Cuanto más me aferraba a Dios, más se desvanecían esos deseos mundanos. El enemigo intentaba tentarme, hablándome de todas las cosas que no tenía, cosas que ya no podía permitirme. Pero sus artimañas no funcionaron conmigo, porque sentía que tenía todo lo que podía desear.

Entonces, un día, llegué a casa y Dios había tocado el corazón de un hermano para regalarme una bici. Allí estaba, una preciosa bicicleta en el salón esperándome. En aquel momento, ese fue el mayor milagro que jamás había tenido. La forma en que Dios me prosperó en aquellos días fue asombrosa.

UNA LECCIÓN SOBRE EL CONTENTAMIENTO

Recuerdo que, cuando vivía en la casa, todos los veranos íbamos al campamento de la iglesia en Silverwood Lake, un hermoso lugar en las montañas al noreste de Los Ángeles. Era un lugar estupendo para escapar del estrés de la ciudad, un lugar tranquilo donde uno podía ir a pasar tiempo con Dios. Y fue el lugar donde prediqué mi primer sermón fuera de la casa de recuperación.

Un día, mi pastor se me acercó y me dijo: «Esta noche quiero que compartas el estudio bíblico». Me asusté mucho, pensando: *Uy, ¿qué voy a decir?* Una cosa era ponerme delante de un par de docenas de chicos en la casa, pero esto era muy distinto. ¡Tenía que hablarle a unas doscientas familias!». Recuerdo que miré sus botes, casas rodantes y equipos, y pensé: *¿Qué tengo que compartir? No tengo nada. No tengo dinero. No tengo coche. No tengo nada. ¿Por qué me elegiría a mí para compartir?* Fue entonces cuando Dios me dijo: «Quiero que prediques porque tienes algo más que ellos. Tienes contentamiento. Tienes satisfacción. Quiero que les enseñes el secreto del contentamiento».

Ese era un secreto que conocía el apóstol Pablo. Dijo: «Sé vivir con casi nada o con todo lo necesario. He aprendido el secreto de vivir en cualquier situación» (Filipenses 4:12 ntv). Este secreto es un arma poderosa en la guerra espiritual, porque al enemigo le gusta presionarnos sobre todas las cosas que no tenemos. El diablo ya no puede luchar contra ti con eso porque ahora puedes vencer esos ataques con humildad, agradecimiento y con el secreto del contentamiento en cualquier situación. Ese es el secreto que tenía Pablo y que le ayudó a vencer en sus batallas.

UNA LECCIÓN SOBRE LA AUTORIDAD DE DIOS

Tuve varias experiencias sobrenaturales en aquellos primeros días. Dios me estaba enseñando mucho. ¡Tenía mucho que aprender! Una de las lecciones más poderosas que aprendí fue sobre la autoridad y el poder de Dios. Estaba en el American Bible Institute, ahora llamado Latin American Bible College. Estaba en la escuela, y mi amigo, el que pronunció aquellas palabras sobre mí y me golpeó en la cabeza —ahora somos amigos—, acabó dando un giro en su vida y empezó a asistir a la misma escuela bíblica que yo.

Con el tiempo, la escuela contrató a mi amigo como empleado, y pudieron darle un pequeño estudio en el campus como parte de su compensación. De vez en cuando me dejaba utilizarlo durante el día mientras él trabajaba y yo no estaba en clase. Así que un día estaba en el estudio mirando la tele, solo con mi prenda interior y la camiseta de tirantes, acostado en la cama, descansando.

Lo que ocurrió a continuación fue muy extraño. Hoy no sé cómo explicarlo. La puerta del cuarto de baño estaba justo al lado de la cama donde yo estaba acostado. Se abrió de golpe, como si King Kong le hubiera dado una patada. Miré y vi al demonio más grande y malvado; se parecía a Shaquille O'Neal pero cinco veces más grande y musculoso. Parecía un toro con unos ojos feos, amarillos y furiosos, y vino directo hacia mí.

El colosal demonio se abalanzó sobre mí y empezó a asfixiarme hasta la muerte. No podía respirar, no podía hablar y pensaba: *¿Qué rayos voy a hacer?* Entonces el nombre «Jesús» salió de mi espíritu. Cuando declaré el nombre «Jesús» en voz alta, pude ver que el demonio tenía miedo. Como he estado en la calle y rodeado de miedo, reconocí ese mismo miedo en aquellos ojos grandes, feos y amarillos. Pensé: *Con que no te gustó, eh?* Así que dije el nombre un poco más alto, y cuando lo hice, fue como si algo le golpeara con un bate de béisbol. Empezó a aflojar su agarre sobre mi garganta. Entonces lo dije más fuerte, y aflojó aún más. Finalmente, grité: «¡JESÚS!», y lo eché de aquella casa.

Cuando salí, me di cuenta de que la puerta se había cerrado tras de mí. ¡Me había quedado fuera! Allí estaba yo, en el porche gritando «¡Jesús!» con mi ropa interior puesta,

¡en medio del campus universitario! Rápidamente, recurrí a mis habilidades pasadas de A y E (Allanamiento y Entrada) y me colé de nuevo en el estudio por la ventana trasera. Salté hacia adentro y abrí todas las ventanas y puertas. Caí en la cama, exhausto, preguntándome: *¿Pero qué rayos acaba de pasar?*

El diablo ya no intenta ese tipo de cosas conmigo porque ya lo entiendo mejor. Solo intentaba aprovecharse de mí, intimidarme. Así de desesperado estaba, porque entonces yo estaba aprendiendo sobre mi autoridad. Pero hoy conozco el poder y la autoridad que se encuentran en el nombre de Jesús.

Bien, ahora déjame que te cuente la historia de Church's Chicken.

CHURCH'S CHICKEN

En aquellos días, el único sitio donde podíamos permitirnos comer fuera era Church's Chicken, ¡así que comíamos seguido allí! Uno podía conseguir una comida completa por unos dos dólares. En fin, tenía un amigo de la iglesia que se había hecho peluquero. El problema era que utilizaba su trabajo para conocer mujeres. Yo sabía todo sobre sus andanzas, pero seguíamos siendo amigos. Intenté hablar con él para que no pusiera en peligro su andar con Dios y acabamos yendo a cenar a Church's Chicken un viernes por la noche. Estábamos en la mesa hablando y le dije: «No puedes andar jugando con el pecado. Sabes que coquetear con esas chicas está mal». Lo siguiente que supe es que empecé a moverme en los dones del Espíritu.

Estaba allí sentado hablando y vino una pareja y se sentó en la mesa detrás de nosotros. De repente, oí que el Señor decía: «Ora por ellos», y entonces surgió en mi espíritu la palabra «adulterio».

En aquel momento, en el restaurante, mi amigo y yo éramos los únicos clientes, luego entró la pareja y se sentó detrás de nosotros, y un par de señoras de una iglesia afroamericana se sentaron en otra mesa. Junto a la caja registradora había un hombre con turbante, y también había una señora que trabajaba en el drive-thru.

Me incliné y le susurré a mi amigo: «Espera. Tengo que orar por esta pareja rápidamente. Siento que tengo que ir a orar por ellos». Me levanté, me di la vuelta y les dije: «¿Cómo están? ¿Puedo orar por ustedes?». Dijeron: «Sí, claro». Así que extendí las manos para orar por ellos. Lo siguiente que supe es que estaba profetizando una palabra del Señor. Le conté a la señora lo que Dios me decía de ella y lo que Dios le decía a él. En resumen, ambos estaban viviendo en adulterio. Él era un ministro descarriado. Necesitaban enderezar sus vidas con Dios. Ambos se quebrantaron y empezaron a llorar al tocarles el poder de Dios. Fue una locura, pero eso no es lo más loco.

Yo lo llamo la *Dimensión Desconocida*, y nunca me había pasado antes ni me ha vuelto a pasar. Miré hacia allí y las señoras de la iglesia estaban comiendo su pollo, y de repente dejaron de moverse, como en un episodio de la *Dimensión Desconocida*. Miré al hombre de la caja registradora con turbante y tampoco se movía. Todo el mundo en el restaurante estaba congelado, ¡no se movían en lo absoluto!

Ni siquiera se movía la persona que compraba comida en el drive-thru. Todos estaban quietos como estatuas. Mientras tanto, mi amigo estaba despierto observándolo todo. Me movía en una poderosa unción con esta pareja. Me dijeron que dejarían de cometer adulterio, se reconciliarían con Dios y volverían al ministerio. Fue una locura. Después miré a mi amigo y se quedó boquiabierto. Así que le dije: «Vámonos. Obviamente, ya no hay motivos para que comamos aquí». Luego nos metimos en el automóvil, y le dije a mi amigo: «¡Sí, será mejor que dejes de jugar con esas chicas!».

En ese momento, actué como si cosas así me ocurrieran todo el tiempo, aunque nunca me había pasado antes ni después. Por supuesto, mi amigo quedó muy afectado aquel día, pero esas eran el tipo de experiencias que Dios me dio en aquellos primeros años. No sé cómo ni por qué lo hizo así, pero lo hizo. Kenneth Hagin me ayudó a entender esto un poco. Dijo que había veces que Jesús le visitaba y hablaba con él durante una hora y media cada vez. Pero dijo que después de una temporada el Señor dejó de hacerlo.

Es como si Dios a veces hiciera cosas así solo durante una temporada. No lo entendí durante mucho tiempo, pero aquellas experiencias me anclaron en lo que hago ahora. Me moldearon y me marcaron. Así que, cuando se trata de los dones del Espíritu y de la autoridad de Dios, del reino del Espíritu y del poder de Dios, nunca he olvidado estas cosas, y nunca lo haré.

UNA EXPERIENCIA EXTRACORPORAL

Mi pastor en la casa de recuperación permitió que una iglesia hispana utilizara nuestro edificio. Tenían allí un pastor que era conocido como profeta. Este era un varón muy poderoso. Era uno de esos que eran muy precisos en sus profecías. Así que yo iba a sus reuniones en español, aunque no hablaba el idioma.

Esta iglesia de habla hispana celebraba cultos de tres o cuatro horas de duración. Yo no estaba acostumbrado a eso; nuestros servicios eran mucho más cortos. Aunque no había mucha gente, los servicios eran poderosos. Me gustaban por la poderosa unción que cargaba el pastor.

Tenía tanta hambre de Dios. Quería todo lo que Él quería darme, así que esperaba hasta el final de la reunión y luego pasaba al frente para que el pastor orara. No entendía muy bien lo que se hablaba porque se hacía en español, pero me gustaba la parte de la oración. Cuando el pastor empezó a orar por gente, incluido yo, fue como si hubiera estallado dinamita dentro de mí. ¡BUM! Quedé de espaldas.

Es difícil de explicar, pero fue como si mi espíritu saliera a medias de mi cuerpo. Miré a mi derecha, y otras personas estaban tiradas en el suelo. Miré a mi izquierda, y lo mismo, gente tendida en el suelo. Mi carne, mi cuerpo, estaba en el suelo, mirando a mi espíritu. Y lo que vi fue que mi espíritu parecía de platino. ¿Has visto alguna vez un anillo de oro negro? Como el platino, así es como parecía. Soy grande de espíritu, así que ahora siempre le digo a la gente en broma: «¡Soy más grande de lo que crees!». (En realidad solo mido 5 pies con 5 pulgadas) Pero ahora sé cómo es mi espíritu.

MI HERMANA RECIBE UN MILAGRO

Si tienes este tipo de experiencias, son cosas que nunca olvidas. Por ejemplo, tengo una hermana llamada Tamar que era una hija pródiga. Hoy sirve a Dios como pastora de niños. Dios le ha dado la vuelta a todo.

Hace varios años, cuando mi hermana tuvo a mi sobrina en el hospital, tuvieron que realizarle una cesárea. Mi preciosa sobrina Hannah nació sin problemas. Se encontraba bien. Pero más tarde, mi hermana empezó a desarrollar algunas complicaciones. No sabían qué le pasaba, así que los médicos volvieron a operarla. La cerraron cuando supusieron que habían solucionado el problema. Pero mientras se recuperaba, se hizo evidente que algo seguía sin ir bien. Mi hermana empezó a ponerse azul. No recibía suficiente oxígeno y se estaba muriendo. Fue entonces cuando todos empezaron a ponerse muy nerviosos porque su vida estaba en juego.

Mientras los médicos la operaban de nuevo, mi madre hizo que todos hiciéramos una cadena de oración. Todos nos unimos en oración y confiamos en la sanidad de Dios para ella. Mientras todo esto ocurría, yo estaba en mi trabajo. Cuando por fin pude salir, corrí hacia el hospital. Lo siguiente que supe fue que tuve una visión abierta increíble.

No esperaba esto ni estaba creyendo que lo iba a recibir, pero me vino de repente, de la nada. En un momento estaba conduciendo hacia el hospital por Whittier Blvd. en Los Ángeles; al minuto siguiente, tuve una visión abierta. Ya no estaba conduciendo, estaba encima del automóvil. Luego, en un instante, estaba en el hospital, mirando a mi hermana, que estaba en la mesa de operaciones.

Mientras flotaba en la habitación sobre mi hermana, vi a un pequeño demonio con aspecto de mono sentado sobre el estómago de mi hermana. El demonio medía tres pies y parecía un alienígena con una mascarilla médica. Llevaba unas pequeñas gafas médicas y un pequeño gorro médico en la cabeza; los dedos de las manos y de los pies eran cuchillas como las de Eduardo Manostijeras.

Sabía todo esto por intuición. Estaba descuartizando a mi hermana, cortándole el estómago. Aquel pequeño demonio sabía exactamente lo que hacía. Rodeando a mi hermana había cuatro grandes demonios gigantes, como el que vi en la escuela bíblica de la que hablé antes. Eran guardianes y su misión consistía en proteger al pequeño demonio que hacía todo el daño. Él hacía el trabajo y ellos le protegían. Esto era una auténtica guerra espiritual. Era de verdad.

Lo siguiente que supe fue que, saliendo del techo, apareció el ángel más grande y fuerte que jamás había visto. La enorme criatura estaba ennegrecida como si hubiera estado en batalla. No estaba debilitado, sino ennegrecido por el humo de la batalla.

Casi como si estuviera en una batalla, salió disparado del techo y, como un águila que arrebata una trucha, el ángel agarró a aquel pequeño demonio y lo estrujó. Oí un crujido y aquel demonio estaba muerto. El ángel lo arrancó de un tirón de mi hermana, lo levantó y desapareció. Los cuatro demonios que seguían allí se miraron estúpidamente. ¡Se dieron cuenta de que habían metido la pata hasta el fondo!

El demonio les había comisionado, y ahora tenían que volver y describir lo que había ocurrido durante su guardia, como soldados que informan al oficial al mando.

De repente, estaba de nuevo en mi coche, conduciendo hacia el hospital, pero ahora confiaba en mi espíritu que la crisis había terminado y que mi hermana se había sanado. Cuando llegué al hospital, mi madre salió corriendo a recibirme. Gritó: «¡Mijo, no te lo vas a creer!». Yo sonreí y dije: «Ya lo sé, mamá, Tamar está bien, ¿verdad?». Mi madre dijo: «¿Cómo lo sabes?». Le dije: «Mamá, no te lo vas a creer. Siéntate y deja que te cuente lo que acabo de ver».

Mi hermana se sanó milagrosamente aquel día. Estaba bien. Vivió, no murió y ahora sirve a Dios. Eso es la autoridad que tomamos en el reino espiritual. Todas nuestras oraciones de aquel día rompieron la estrategia demoníaca contra mi hermana. Habíamos supuesto que se trataba de una cuestión médica, y así era, pero en realidad era una cuestión espiritual. El principio espiritual aquí es: Una vez que rompes algo en el mundo espiritual, el milagro aparece en el mundo natural.

La Escritura dice que «todo lo que atemos en la tierra quedará atado en el cielo, y todo lo que desatemos en la tierra quedará desatado en el cielo» (Mateo 18:18). La autoridad del nombre de Jesús consiste en que, al oír ese nombre, los demonios tiemblan, solo con la mención de ese nombre, deben huir. Es el nombre que está «por encima de todos los demás nombres» (Filipenses 2:9).

El reino espiritual es real; la autoridad que portamos también es real. El poder que tenemos en Él no es ninguna broma. Siempre digo a la Iglesia que a veces hay cosas en nuestras vidas que están ahí ilegalmente. Estamos esperando que Dios actúe, pero en realidad Él espera que nosotros ejerzamos la autoridad que nos ha otorgado. Así que, si quieres ser libre, debes aprender a ejercer esa autoridad.

8

UN LLAMADO A PASTOREAR

Cuando considero dónde estoy y lo que hago hoy, me embarga fácilmente la emoción. No es ni más ni menos que un milagro de Dios. Mirando atrás, puedo ver momentos de mi vida, muchas ocasiones, en los que Dios intervino y me perdonó la vida. Puedo ver casos en los que el Espíritu Santo me guio suavemente en la dirección correcta, aunque en aquel momento no tuviera ni idea de lo que estaba haciendo.

Hace unos capítulos, te conté la vez que me llamaron al escenario en medio de una reunión donde recibí el llamado al ministerio. Cuando salí del hogar, me había convertido en evangelista itinerante, y lo disfrutaba. Ministraba e iba a la universidad, a estudiar psicología. Mi objetivo era estar en el ministerio sin pensar en tener nunca una iglesia propia. No quería ser pastor. Estaba disfrutando de mi vida, viajando y hablando a varios grupos, en muchos lugares diferentes. Me resultaba difícil imaginarme atado a un solo lugar y ministrando a un solo grupo de personas.

Si soy sincero conmigo mismo, no quería ser pastor sobre todo por miedo al rechazo. Había visto todo lo que había pasado mi pastor, ayudando a la gente y luego viendo cómo esa misma gente se daba vuelta y abandonaba la iglesia o difundía rumores falsos e hirientes sobre él. Pero hoy comprendo que la naturaleza del pastorado puede ser bastante violenta para el alma.

Así que me alejé del pastoreo. Pensé que, para mí, ser evangelista encajaba mucho mejor. Podía simplemente ir y venir de un sitio a otro, y me parecía una forma mucho más segura de estar en el ministerio. Sin embargo, hace veinte años, mi espíritu se sentía inquieto. Me di cuenta de que algo no andaba bien.

Busqué al Señor durante unos días en ayuno y oración. Finalmente, le pregunté al Señor: «Señor, ¿qué me estás diciendo? ¿Qué es lo que está mal? Sé que algo no anda bien». Entonces, tuve un encuentro con Dios. Me habló y el mensaje fue muy claro. Me dijo: «He oído el clamor de mi pueblo y te envío a los faraones de Whittier/Los Ángeles, California, para declarar: «¡Dejen ir a mi pueblo!»». En aquel momento ocurrieron varios milagros.

LA CARGA DE DIOS

El primer milagro fue que Dios puso sobre mí la carga del pueblo, lo que yo llamo «la carga de Dios». Esas palabras, *He oído el clamor de mi pueblo*, pesaban tanto sobre mí que pensé que me aplastarían. Cuando me sobrevino esa carga, cambió mi vida. Después de ese momento no pude hacer otra cosa que ser pastor. No había forma de que pudiera hacer otra cosa. La pasión por esa carga superó cualquier temor que pudiera haber tenido sobre ser pastor. Una compasión abrumadora y un amor nuevo y desgarrador superaron el miedo al rechazo y a que me hirieran. En aquel momento me llegó la visión: «Deja ir a mi pueblo para que adore». Entonces Dios empezó a tratar conmigo sobre todos los faraones que iba a tener que conquistar.

Inmediatamente sentí el peso del nuevo llamado a pastorear, pero me preocupaba volver a Whittier. Años antes, cuando dejé la ciudad de Whittier para trasladarme al hogar, el crimen organizado había atentado contra mi vida para matarme. Recuerda que, antes de servir a Dios, era traficante de drogas y, por supuesto, molesté a mucha gente. Después del hogar de hombres, había servido a Dios durante unos nueve años, pero ahora Dios me llamaba para que volviera.

Le pregunté: «Señor, ¿quieres que muera por ti? ¿Es eso lo que me pides?». Porque en aquel momento estaba dispuesto. Y Él dijo: «No. Todas las personas que van detrás de tu vida están muertas». Cuando me tomé un momento para pensarlo, era cierto; todos los que en Whittier querían mi muerte habían muerto. Dios no mató a esas personas; lo hizo su propio estilo de vida. La Biblia dice que «Los que usan la espada morirán a espada» (Mateo 26:52), así que su propio estilo de vida les hizo eso. Estaban muertos y se habían ido.

Entonces Dios me dijo que uno de los faraones a los que me enviaba a enfrentarme era el faraón de la religión, lo cual me sorprendió al principio. Es fascinante, porque el faraón de la religión es más fuerte que los faraones de la adicción, la pobreza o el quebrantamiento. La religión organizada no es más que el intento del hombre de llegar a Dios por sí mismo. La religión adopta las apariencias de la piedad, pero niega su verdadero poder, eliminando toda autoridad espiritual.

EMPEZANDO POR LA FE

Así que llamé a mi pastor y le dije: «Pastor, necesito hablar con usted ahora mismo. Desayunemos mañana. Acabo de tener un encuentro con Dios y necesito hablarlo». En los diez años que duró nuestra relación, nunca le había dicho que me hubiera ocurrido algo así. Me respondió: «Sí, tenemos que hablar». Así que estábamos sentados, desayunando, y le conté lo que me había pasado. Supo inmediatamente que era Dios. Me dijo: «Cierto, nunca antes habías querido ser pastor. Llevo toda la vida intentando que seas pastor, y no querías hacerlo, así que ese mensaje tiene que venir de Dios».

Le dije: «Tengo que fundar esta iglesia en Whittier. Es algo que tengo que hacer cuanto antes». Me preguntó: «Bueno, ¿cuándo quieres empezarla?». Le respondí: «¡Este domingo!». Me miró como si estuviera sorprendido y preguntó: «¿Estás seguro? ¿Con quién vas a contar para que te ayude?». Le dije: «Bueno, tengo mi personal ministerial. Tengo cuatro personas en plantilla y otras tres a las que he llegado a través de nuestro ministerio evangelístico. Con esos siete, supongo que responderemos al llamado y fundaremos la iglesia».

Empecé la iglesia con esas siete personas: cuatro de mi personal ministerial y tres que estaban apenas sobrios. Mi músico era una persona muy inteligente, pero adicto a las drogas, y a veces desaparecía los sábados por la noche. Llegaba el domingo por la mañana, y estaba desaparecido, así que teníamos que ir a buscarlo. Lo encontraba, oraba por él y tocaba para el culto. No programé la reunión de la iglesia para que empezara a la hora normal porque sabía que era imposible que la gente a la que intentaba llegar viniera a la iglesia a las 10 de la mañana, así que empecé la reunión a las dos de la tarde.

Fui a los clubes nocturnos y bares de la zona y testifiqué a la gente que encontré allí. Les hablé de mi nueva iglesia y les invité a venir a visitarme el domingo a las dos. Les animé: «Si tienes resaca, no te preocupes. Te daremos un plato de sopa y un Advil». No me importaba; quería que fueran a la iglesia. No buscaba personas que tuvieran las cosas claras, al contrario, buscaba personas perdidas cuyas vidas fueran un caos.

Con el tiempo, la gente vino y se convertían al Señor. Fueron unos comienzos muy humildes. El edificio que encontramos para reunirnos era diminuto, solo cabían unas veinte personas. Todo lo que podía permitirme entonces eran veinte feas sillas rosas compradas en una liquidación. Solo nos costaban unos 4 dólares por silla, así que puedes imaginarte lo malas que eran. Tuvimos que pedir prestado el sistema de sonido; ¡En aquellos primeros días tuvimos que pedir todo prestado! Empezamos la iglesia por fe, y Dios estaba con nosotros.

UNA MENTALIDAD LIMITADA

Lo que Dios ha hecho con nuestra iglesia desde aquellos días ha sido verdaderamente un milagro. Sin embargo, uno de los retos que tuve que superar en este proceso fue una mentalidad limitada. En Éxodo 3:11, Dios le dijo a Moisés: *Necesito que hagas esto.* Moisés respondió: «¿Quién soy yo para sacar de Egipto al pueblo de Israel?». La Biblia enseña: «No imiten las conductas ni las costumbres de este mundo, más bien dejen que Dios los transforme en personas nuevas al cambiarles la manera de pensar» (Romanos 12:2).

Satanás intenta de todas las formas posibles conformarnos a una mentalidad limitada. Empieza sus ataques desde una etapa temprana en nuestras vidas; utiliza hogares disfuncionales y distintos tipos de abusos, adicciones y mentalidades negativas en nuestro entorno familiar para crear estas formas destructivas de pensamiento. Estos pensamientos negativos se convierten en un sistema de creencias, el cual a su vez se convierte en nuestro carácter, definiendo nuestro destino.

En mi caso, este sistema de creencias negativas, alimentado por las artimañas de Satanás, limitó mi pensamiento a la creencia de que nunca podría hacer algo significativo por Dios, de que no había forma de que pudiera llevar a cabo una acción tan audaz y valiente como tomar la ciudad para Dios. De hecho, en Números 13:33, cuando se pidió a los espías explorar la Tierra Prometida, regresaron y dijeron a Moisés y al pueblo: *No podemos hacerlo.* «Hasta había gigantes, los descendientes de Anac. ¡Al lado de ellos nos sentíamos como saltamontes y así nos miraban ellos!».

Este tipo de pensamiento limitado, estas fortalezas mentales, nos hacen vivir por debajo de nuestro potencial. Quiero compartir una revelación importante que el Señor me dio; Él me dijo: «Estás lidiando con lo que lucharon los israelitas». La mentalidad limitada es la misma herramienta que usaron eficazmente el faraón y sus capataces en Egipto. Es interesante estudiarlo, porque la brillantez de Egipto residía en sus capataces. Fueron capaces de construir su reino sobre las espaldas de los esclavos. Aunque los esclavos superaban en número a sus amos y podrían haberse rebelado en cualquier momento, no lo hicieron debido a que el faraón y sus capataces les habían sometido mentalmente, además de sus cadenas físicas, durante más de cuatrocientos años. Como resultado, los israelitas fueron derrotados primero en sus mentes.

Los egipcios seleccionaban niños enfadados, de temperamento ardiente y más violentos que los demás, y los formaban como su cuerpo de capataces. Estos estaban bien entrenados en el arte de la intimidación, la manipulación y el control. Maltrataron a los israelitas durante 430 años.

En la primera y quizás en la segunda generación, es probable que los esclavos intentaran defenderse de sus capataces por el trato recibido. Pero al llegar a la tercera o cuarta generación, probablemente los egipcios ya no necesitaban capataces. Para entonces, los propios padres esclavos reproducían con sus hijos la misma dureza de los capataces, diciendo cosas como: «¡No puedes hacer eso! ¿No sabes que somos esclavos? Somos pobres, apenas humanos».

Esa era exactamente la mentalidad limitadora y negativa con la que crecí. Esto se ha convertido en uno de los mensajes principales de nuestra iglesia. No se trata solo de liberarse de la adicción o de la esclavitud. La verdadera esclavitud es romper el techo del pensamiento limitado de la gente.

Una vez que aprendes a reconocerlo, lo ves en todas partes. Por ejemplo, en Jueces 6:17, Gedeón se pregunta: «¿Cómo podré salvar a Israel? Mi clan es el más débil de Manasés. Soy el más pequeño en la casa de mi padre». ¡Eso es tener un pensamiento limitado! El destino de Gedeón era ser un guerrero valeroso, pero el enemigo lo frenaba por su mentalidad negativa.

Estas mentalidades limitadoras nos han impedido llegar a ser todo lo que Dios quiere que seamos, y yo debía estar dispuesto a desafiar la voz del Faraón. Así que, durante los últimos veinte años, he estado ministrando, haciendo guerra espiritual precisamente con ese tipo de desafío, enfrentándome al Faraón para que deje ir a mi pueblo y dejarlo libre de su esclavitud.

VIVIR UNA VIDA SIN LÍMITES

Por eso me gusta tanto el apóstol Pablo: nos desafía. Nos dice que no nos conformemos a este mundo. A no estar limitados por nuestras experiencias pasadas, ni por las cosas que hemos vivido. A no dejar que los abusos o las voces de nuestro pasado nos digan que no podemos hacer algo o que no somos capaces. Este ha llegado a ser el mensaje vital de nuestra iglesia. Estamos aprendiendo que

UN LLAMADO A PASTOREAR

Dios no solo va a liberarte de la esclavitud, sino que también quiere que vivas una vida ilimitada; que vivas la vida que Dios ha predestinado y preordenado para ti antes de que Satanás te abusara, mintiera y robara tu verdadero destino.

Una vez que creas en Dios y hayas experimentado una liberación, deja que Él sane tu corazón roto y te haga libre. ¿Y después qué? Entonces debes empezar a trascender. Él te ha liberado por una razón, por un propósito. ¡Tiene un plan para tu vida!

Ahí es donde la palabra de fe ha sido una gran bendición para mí y para este ministerio. La palabra de fe te ayuda a levantar el techo del pensamiento limitado y a decir: «Soy la persona que Dios dice que soy. Voy a elegir creer lo que Dios dice, independientemente de lo que mi pasado diga que soy, o incluso de lo que mi mente diga».

EL MIEDO DEBE DESAPARECER

Creo que la conquista de los faraones modernos es el punto en el que se encuentran muchas personas en su viaje espiritual hoy. La religión intenta de que te conformes. Te dirá: «Eh, ya sabes, ahora estás mejor, las cosas van bien. Tómalo con calma y deja que las ondas te lleven por un tiempo». Pero no, el Reino avanza, no se queda de brazos cruzados, sigue avanzando. Para avanzar con él, deben desaparecer todas las mentalidades limitadas y negativas: el miedo a los gigantes, el miedo a «no somos capaces» y el miedo a «no lo puedo hacer». Todo eso debe desaparecer. Dios dice que podemos: «Todo lo puedo en Cristo que me fortalece» (Filipenses 4:13, NVI).

Pablo dice: «Sigo adelante a fin de hacer mía esa perfección para la cual Cristo Jesús primeramente me hizo suyo» (Filipenses 3:12). ¿Por qué me eligió Dios? Algunos dicen: «Estaba perdido y encontré al Señor». No obstante, yo le digo a nuestra gente: «No, tú no "encontraste al Señor". ¡Él te encontró a ti! Él nunca estuvo perdido; pero tú sí». Te encontró con un propósito y por una razón. No le intimidan los abusos. No le intimida tu incapacidad. No le intimidan tus debilidades. No le intimida tu pecado. Sabía quién eras cuando te llamó al igual que sabía quién era Gedeón, Moisés, y Pablo.

Ésa es la palabra que remueve el techo del pensamiento limitado. Como le dijo a Jeremías: «No digas: "Soy demasiado joven"» (Jeremías 1:7). Recuerda que Jeremías decía: «Soy demasiado joven. No tengo lo que se necesita para lograrlo». Moisés dijo: «Soy tartamudo». Gedeón dijo: «Soy el más débil de Manasés». Lo encuentras una y otra vez cuando Dios llama a sus siervos. Todos tienen un sentimiento de inadecuación. Pero Dios dice: «No, no digas que eres eso. Di lo que yo digo que eres. Y di lo que yo te diga que digas».

Pablo dice en 1 Corintios 1:27: «Dios eligió lo que el mundo considera ridículo para avergonzar a los que se creen sabios». Busqué la palabra «necio» en el griego y obtuve la palabra «imbécil», o la palabra en español «idiota». Así pues, Pablo nos está diciendo en ese versículo que Dios busca a los mayores imbéciles que puede encontrar, y los elige. ¿Por qué elige Dios a los imbéciles? Para que, al final, nadie se lleve la gloria salvo Dios. Él es la razón detrás de la salvación de miles de almas y el avivamiento que actualmente está ocurriendo en Los Ángeles. No nosotros. A Él le pertenece todo el reconocimiento por estas maravillas.

OTROS FARAONES

Dios también nos tiene en misión contra otros faraones. El faraón de la pobreza ocupa un lugar destacado en nuestra lista, porque nuestra iglesia es muy próspera y enseña a la gente a *poseer* los ladrillos en lugar de fabricarlos. Un gran problema entre la gente de nuestra comunidad es la mentalidad de pobreza. ¿Sabías que incluso las personas con mucho dinero pueden tener una mentalidad de pobreza? Siempre se les nota porque no son generosos. No saben prosperar. Su mentalidad es la de la pobreza, la carencia y la escasez. No saben cómo andar sabiamente. Los faraones de la inseguridad, la intimidación, el miedo, el rechazo, donde la gente ya ni siquiera sabe recibir la corrección porque piensa que esa corrección es rechazo, y el faraón de los corazones rotos. Éstos son solo algunos de los faraones con los que tenemos que tratar más a menudo.

Pablo dijo: «No pretendo haberlo ya alcanzado; pero una cosa hago: olvidando ciertamente lo que queda atrás, y extendiéndome a lo que está delante» (Filipenses 3:13 RVR1960). Y esa es una clave, donde Pablo dice: «...prosigo a la meta, al premio del supremo llamamiento...» (v. 14). Esa es una de las cosas que estuve haciendo en los pasados treinta años, siguiendo el supremo llamamiento. Creo que pastorear esta iglesia es un supremo llamamiento de Dios.

No quiero llegar al cielo y decirle a Dios que no seguí el supremo llamamiento porque tenía miedo. No, quiero llegar al cielo y haber cumplido lo que se suponía que debía cumplir, incluso a pesar de las dificultades. Como dijo Pablo cuando defendió el llamado de Dios: «...No fui rebelde a la visión celestial» (Hechos 26:19 RVR1960), y «Pero por la gracia de Dios soy lo que soy; y su gracia no ha sido en vano para conmigo» (1 Corintios 15:10a RVR1960). Quiero estar un día ante Dios y oírle decir: «Bien hecho, mi buen siervo fiel» (Mateo 25:23).

Es el amor el que rompe el espíritu del Faraón en la mente de las personas, tanto el amor a las personas como el amor a Dios. Por eso dice la Biblia: «...el amor perfecto expulsa todo temor» (1 Juan 4:18). Eso incluye el temor al fracaso, al hombre, al rechazo o a cualquier otro miedo que puedas imaginar. Ése es uno de los principios de la Palabra de Dios: liberarnos. En Josué 1:8, Dios le dice al joven Josué que el destino para su vida no está relacionado con su espada o su estrategia de batalla, sino que le dice que está relacionado con su obediencia al meditar en su Palabra.

MEDITA EN LA PALABRA

Todos esos años que pasé en aquella pequeña habitación sumergido en la Palabra de Dios, consumido por ella, todo ese tiempo me ha dado ricos dividendos. Por eso, uno de los consejos más valiosos que puedo dar a cualquier creyente con dificultades es que medite en la Palabra de Dios.

Medita en la Palabra, medita en la Palabra. Pasa tiempo en la Palabra, pasa tiempo en la Palabra, pasa tiempo en la Palabra.

Cuando haces eso, la Palabra cobra vida en ti. Jeremías dijo: «No me acordaré más de él, ni hablaré más en su nombre; no obstante había en mi corazón como un fuego ardiente metido en mis huesos; traté de sufrirlo, y no pude» (Jeremías 20:9 RVR1960). Eso mismo es lo que trae la libertad; eso mismo puede cambiar la vida de las personas. Y si se libera de la esclavitud a un número suficiente de personas, se cambian vidas y se salvan familias, así es como se libera el avivamiento en nuestras ciudades.

9

SANAR A LOS QUEBRANTADOS DE CORAZÓN

Cuando el Señor me salvó, una de las primeras cosas que hice fue buscar la palabra «quebranto» en el diccionario. Leer esa definición transformó mi vida. Esta palabra se define como «desconsolado, abatido, desolado, angustiado y destrozado». Créeme, sé lo que es sufrir de un corazón quebrantado. Siento que gran parte de mi infancia la pasé luchando contra esos sentimientos. Me aplastaron, me pisotearon, me destrozaron y me hicieron pedazos. Cuando llegué a la adolescencia, era un joven muy destrozado.

Mi aprendizaje en psicología y mi comprensión de las dinámicas espirituales me han enseñado que cuando alguien está profundamente herido emocionalmente, no existe una cura fácil. Según mi experiencia, aunque los medicamentos pueden ofrecer cierto alivio y mejorar la calidad de vida, no hay una verdadera sanidad sin Dios.

La Biblia dice que Dios nos da una unción que puede sanar al corazón quebrantado. Dios recoge todos los pedazos de nuestra vida, con todo el quebrantamiento y la devastación y nos va recomponiendo. En la naturaleza, no hay forma de que eso ocurra, no puedes recomponer a alguien como si nunca se hubiera quebrantado. No obstante, Dios tiene el poder para hacerlo a través de Su Espíritu Santo, Su unción y Su Palabra. Él nos recompone incluso mejor que antes. Y cuando seamos arrebatados al cielo seremos completamente sanos.

Esa es una de las razones por las que amo tanto a Dios. Solo Él puede restaurar y redimir lo que ha sido quebrantado y abatido. Lo sé de corazón, por experiencia propia. Él puede recomponer una vida quebrantada y destrozada, y no solo recomponerla, sino hacer de ella algo bello. Dios nos dice amorosamente: «Solo porque hayas pasado por una experiencia desconsoladora o angustiante, no tienes por qué limitar tu vida. En lugar de eso, tomaré lo que pasaste, le daré la vuelta y lo utilizaré para mi gloria. Yo no te hice pasar por ello, pero puedo utilizarlo para que el diablo devuelva lo que robó en tu vida».

FRUSTRAR AL ENEMIGO

Se lo digo a la iglesia todo el tiempo: «¡El enemigo debería haberte matado cuando tuvo la oportunidad! Pero ahora es demasiado tarde. Ha metido la pata al dejarte ir». Imagínate lo frustrado que está el diablo conmigo. Piénsalo... se llevó a mi padre, dejándome sin padre. Abusó de mí todos los días a través de mi padrastro. Me hizo todo ese daño. Me tenía justo donde quería. Yo era su soldado. Me usaba intensamente. Me había posicionado perfectamente para hacer cosas aún más terribles por él. Entonces, justo cuando el diablo pensaba que me tenía para siempre, Dios entró y me arrebató de sus garras. Entonces Dios se dio la vuelta y me utilizó como trofeo para él, enviándome de vuelta a la misma ciudad donde el diablo me tenía esclavizado. ¡Dios me redimió!

Imagínate lo frustrante que es eso para el enemigo. Pasó todos esos años trabajando sobre mí, esclavizándome, solo para que Dios viniera y me liberara en un momento. Y no solo me libera Dios, sino que me quita esa mentalidad negativa, de víctima, que el enemigo trabajó tanto tiempo para poner sobre mí. Sé cómo piensa el enemigo. Conozco sus mentiras. Sé lo que le dice a la gente porque estuve en su mundo. Fui su soldado. Sé exactamente lo que hace. Reconozco su estrategia, no solo porque la he leído en la Biblia, sino porque la he vivido.

Conozco las acciones del enemigo y cómo afectan a la gente. Mi experiencia personal se ha transformado en una herramienta poderosa en esta lucha. Puedo identificar sus tácticas y decir con firmeza: «No, no y no, reconozco lo que intentas hacer aquí». Veo cómo este capataz, este faraón, somete a los corazones quebrantados a la esclavitud y la limitación. Y quienes están atrapados en esta forma de esclavitud no pueden liberarse por sí mismos, por más que lo intenten.

LIBERADO DE LA ESCLAVITUD

Recuerdo que estaba atrapado en muchas adicciones. Era dependiente de la metanfetamina cristalina y bebía en exceso. Sin embargo, el alcohol no era tan destructivo como la metanfetamina, a la que estaba constantemente enganchado. Fumaba *speed* (metanfetamina) todas las noches y cada día. Cada noche, consumido por la culpa, rompía mis pipas y descartaba las drogas, prometiéndome a mí mismo no volver a ellas. Pero al día siguiente, recaía. Por más que lo intentaba, no podía liberarme. Anhelaba la libertad, pero no podía romper las cadenas de mi esclavitud.

Fue entonces cuando Dios me habló y me dijo: «Mijo, ya es suficiente». Sentí Su poder abrumador. Él tenía la fuerza para romper mis cadenas y todas las demás que el enemigo utilizaba contra mí. Dios no te libera solo para que seas libre. Dios te libera con un propósito: para que, eventualmente, puedas ayudar a liberar a otra persona. Lo que has recibido gratuitamente, ofrécelo gratuitamente.

HECHO UNA BENDICIÓN PARA SER UNA BENDICIÓN

Este es uno de mis mayores desafíos cuando ejerzo mi ministerio en el entorno de la iglesia. Oro por las personas y, a menudo, su respuesta es: «Me siento tan bendecido. Soy feliz. Estoy curado. Estoy sano. He pasado por abusos, dolor y carencias, y ahora Dios me ha sanado y liberado». Pero siempre les planteo un desafío: «Está bien, pero ¿qué harás ahora con eso? No puedes limitarte a estar bendecido. Dios te da generosamente todas las cosas para que las disfrutes. Entonces, disfrútalas. Pero, ¿qué harás con tu sanidad, tu recuperación, tu liberación?».

Aquí es donde entra en juego el quitar los límites. Dios nos libera para que seamos una bendición para otros. ¿Qué harás con la bendición que Dios te ha dado? Hay un joven en nuestra iglesia a quien Dios liberó poderosamente. Era un joven muy agobiado y destrozado que salió de nuestra casa de recuperación. Pero Dios restauró su vida quebrantada y lo bendijo económicamente de manera increíble.

Hoy es un multimillonario que nos ayuda a financiar muchos de nuestros proyectos, donando cantidades significativas para el evangelio. Siento una humildad profunda al decir que muchos en nuestra iglesia son como ese joven.

Esto es lo que logra este poderoso mensaje. No solo dice: «De acuerdo, eres un adicto, estás en problemas, estás quebrantado». Este mensaje revela el quebranto y la esclavitud. Vemos a menudo a personas que pasan de la pobreza y la esclavitud a vivir una vida sin límites. Creo que esa es la razón por la que nuestra iglesia ha llegado a tantas personas diferentes.

Independientemente de lo que te haya destrozado en mil pedazos o si hayas sido bendecido y aspiras elevar aún más tu vida, este mensaje de liberación puede alcanzarte en cualquier situación. Va más allá de ser simplemente un camino hacia la liberación; es una invitación a vivir una vida llena de propósito y grandeza. A medida que avanzas, te encontrarás en una senda dedicada a servir a los demás. Ahora que has experimentado la libertad, reflexiona sobre cómo puedes utilizarla. Dios nos otorga bendiciones no solo para nuestro propio beneficio, sino para que seamos canales de bendiciones para los demás.

GUARDADO PARA SEMBRAR UNA SEMILLA

Pero no te equivoques, el enemigo siempre está al acecho, esperando robar nuestra bendición antes de que podamos compartirla con otras personas. Recuerdo que una vez me encargaron que pidiera la ofrenda en una conferencia de ministros en las montañas de Big Bear, cerca de Los Ángeles. La conferencia estaba siendo organizada por el Dr. A.L. Gill.

Mi esposa, Liz, y yo estábamos emocionados. Habíamos decidido ver la conferencia como una oportunidad para sembrar una semilla de fe en nuestro ministerio televisivo, creyendo que Dios nos abriría esa puerta. Dios nos había indicado que donáramos 5.000 dólares, una suma considerable para nosotros en aquel tiempo.

Nos dirigimos a las montañas hacia Big Bear. En el coche íbamos Liz, yo y mi hijo Joshua, que era solo un niño pequeño en aquel entonces. Circulábamos por el carril exterior de una estrecha carretera de dos carriles. A mi izquierda estaba el otro carril y a mi derecha, un desnivel de unos 100 metros sin barrera de seguridad. Conducía muy nervioso, consciente de que un error en la carretera podría ser fatal. Para complicar más las cosas, Joshua gritaba desde el asiento trasero porque la altitud le causaba dolor en los oídos.

Le pedí a Liz que intentara calmarlo. Justo cuando se disponía a desabrocharse el cinturón de seguridad para atender a Joshua, el Señor le habló: «No puedo protegerte si desobedeces la ley».

Lo que sucedió a continuación fue impactante. Un coche que venía en sentido contrario invadió mi carril a gran velocidad, obligándome a girar bruscamente a la derecha... hacia el aire y cayendo por el precipicio. Fue una locura. Y tengo que decir que fue un milagro. No sé cuánto tiempo estuvimos en el aire, pero luego, milagrosamente, volvimos a la carretera, en nuestro carril. El otro coche pasó rozándonos y continuó su camino. ¡Nos salvamos!

Inmediatamente, Liz comenzó a gritar: «¡Detente! ¡Aparca!». Le respondí: «Cariño, no puedo detenerme. Ni siquiera estoy controlando el automóvil». Finalmente, logré tranquilizarme y parar unos cientos de metros más adelante. En un estallido de emoción, ambos empezamos a llorar, intentando asimilar lo ocurrido. De una cosa estábamos completamente seguros: ¡había sido un milagro!

Llegamos a la conferencia y esa noche sembramos nuestra semilla durante la ofrenda que dirigí. Fue la mayor donación única que el ministerio del Dr. Gill había recibido jamás. Abrió puertas increíbles en las naciones y sirvió para expandir su ministerio de manera exponencial.

Después de la conferencia, comprendí que el diablo no quería que sembráramos esa semilla en el ministerio. Su plan era impedirnos asistir a la conferencia para que no hiciéramos esa donación. Quería robarnos la semilla. Pero Dios nos salvó y nos permitió ser una bendición para ese ministerio al aceptar nuestra ofrenda.

LIBERADO DE LA MUERTE

En el capítulo 7, te conté sobre mi primer sermón. Sin embargo, hay más detalles en esa historia. Recuerda que, en aquel momento, yo todavía residía en la casa de recuperación. Nos dirigíamos al lago Silverwood en la furgoneta del ministerio, viajando por la autopista. No había barrera de seguridad en el medio, solo una amplia franja de tierra, de aproximadamente el ancho de cinco carriles.

Nos divertíamos cantando y alabando al Señor cuando, de repente, un camión de gran tonelaje del carril contrario perdió el control y se dirigió directamente hacia nosotros. Lo único que recuerdo es haber gritado: «¡Jesús!». El camión colisionó con el vehículo que nos precedía, el cual salió despedido. Luego, el camión giró alrededor nuestro y chocó con el coche que nos seguía. ¡Milagrosamente, salimos ilesos! Fue una liberación increíble de una colisión frontal segura con un semirremolque. De muchas maneras, ese fue el momento en que acepté mi llamado al ministerio. Otra ocasión en la que el diablo quiso acabar con mi vida, pero Dios tenía otros planes, planes para que yo viviera y no muriera. Me salvó de la muerte para que pudiera llevar este mensaje de libertad.

El diablo siempre tratará de destruir tu visión en su etapa inicial si puede. Intentó matar a Moisés cuando era apenas un bebé. También intentó matar a Jesús en su infancia. No permitas que el diablo acabe contigo en tus primeros pasos. Muchas de las cosas que me sucedieron fueron en mis primeros años de caminar con el Señor. El enemigo intentaba por todos los medios aplastar la semilla de lo que

Dios había planeado para mí. Porque el diablo sabe que una vez que comienzas a caminar por fe y a conocer tu autoridad y tu identidad en Él, será más difícil que se aproveche de ti.

DIOS REDIME EL TIEMPO

Me gusta desafiar a las personas en sus comienzos, diciéndoles: «No llegaste a esta situación de un día para otro, y ahora tendrás que esforzarte durante un tiempo para equilibrar las cosas y recuperar todo ese tiempo perdido». Pablo se refería a esto como «aprovechando bien el tiempo, porque los días son malos» (Efesios 5:16 RVR1960). La palabra «redimir» significa «recuperar» o «rescatar». El tiempo es limitado. Nadie puede darte más tiempo, absolutamente nadie. No esperes que te den más.

Pero ¡ten ánimo! Dios puede redimir tu tiempo. Dios puede restaurarte los años que el enemigo te arrebató. Lo que el diablo planeaba para tu mal, Dios lo puede transformar para tu bien. No olvides nunca que Dios tiene un plan para tu vida: ¡un plan para que vivas y no para que mueras!

10

SOLTERO Y COMPLETO

Recuerdo que al principio de mi caminar con Dios, tal vez durante el primer o segundo año, mientras vivía en una casa de acogida, comencé a salir con una chica. Era una relación pura; ambos nos comprometimos a mantenernos alejados de lo físico. Creo que lo máximo que hicimos fue tomarnos de las manos una vez.

Trabajaba en la oficina del pastor de la iglesia a la que ambos asistíamos. Un día, cuando ella entró en la oficina, el Espíritu Santo me habló con claridad y me dijo: «¿Por qué te entrometes en la vida de la mujer de otro hombre? No es tu esposa. Pertenece a otro hombre. No es la chica para ti y cosecharás lo que siembras». Ella parecía haber visto un fantasma al mirarme al otro lado de la oficina. Le dije con cuidado: «Lo siento mucho. No quiero lastimarte, pero esta relación no viene de Dios. Él tiene a otra persona para ti». Y así fue. Unos años después, ella se casó, tuvo hijos y fue bendecida. Yo, por mi parte, esperé casi ocho años más para casarme.

Durante ese tiempo, descubrí que era posible ser soltero y estar completo. Aprendí a estar soltero y satisfecho. En vez de pensar que siempre necesitaba una pareja, entendí que Dios podía ser mi compañero. Fue una lección valiosa que tuve que aprender; desde entonces, me he dado cuenta de que muchas personas no comprenden esta lección hasta que es demasiado tarde. Al encontrar a su cónyuge, presionan a su pareja para que cumpla con expectativas que solo Dios puede satisfacer.

A lo largo de esos largos años de espera, Dios siempre fue fiel, consolándome y diciéndome: «Tengo a alguien específico para ti; ten paciencia». Sabía que la Biblia decía: «No se asocien íntimamente con los que son incrédulos» (2 Corintios 6:14). Por lo tanto, estaba claro que Dios me enviaría una mujer cristiana para casarme. Pero lo que realmente creía que el Señor me estaba diciendo a través de ese pasaje era: «No te unas a alguien que tenga una vocación diferente [...] porque la razón por la que te uno a una mujer en particular es para una *misión específica*. Hay un propósito al poner un yugo sobre un buey; es para labrar el campo. Tengo un campo para ti y un campo para tu futura esposa, y juntos labrarán los campos que yo les daré».

Así que esperé... y esperé. Un año, dos años, tres años, cuatro años, cinco años, todavía esperando. Seis años, siete años, ocho años. Pasaron casi nueve años antes de conocer a Elizabeth, y en cuanto la vi, supe que algún día sería mi esposa. Fue como si las estrellas se iluminaran dentro de mí en un espectáculo de fuegos artificiales. Simplemente supe que ella era la elegida.

ENCUENTRO CON ELIZABETH

Jason Lozano y su esposa, Elizabeth Lozano.

En aquel tiempo, yo ejercía como profesor en la Escuela Ministerial Cottonwood, y aconteció que Elizabeth era alumna en Cottonwood simultáneamente. En cierta ocasión, ambos nos encontrábamos en la zona del vestíbulo de la escuela. Me hallaba bebiendo agua del surtidor cuando ella se aproximó para saludarme. Ya me conocía por mi labor ministerial, pero, a pesar de que compartíamos conocidos, nunca nos habíamos encontrado.

Por entonces, yo viajaba con frecuencia, predicando en diversas iglesias de la región, por lo que era bastante conocido en la escuela. Así, Elizabeth se acercó con seguridad, tocó mi hombro y me saludó con un «Hola». Al girarme, asumí el papel de conocido evangelista y respondí con un «Hola», intentando sonar genial y profesional. Sin embargo, por dentro, pensé: *¡Oh, Señor Jesús! ¿Es ella?*

Esa noche, al regresar a casa, le dije al Señor: «Señor, sabes que si puedo obtener una esposa sin tu intervención, no la deseo. Quiero que sea tu voluntad». Entonces supe que no había manera de conquistar a Elizabeth sin la ayuda divina.

Pero estaba seguro de que ella era la indicada. Dije: «Señor, si me concedes a Liz, iré a donde tú dispongas, Señor». ¡Valió la pena aguardar esos ocho años por ella! Regresé a casa esa noche después de hablar con ella y le comuniqué a mi madre: «¡Hoy he visto a mi futura esposa!». Posteriormente, al presentar a Elizabeth a mi madre, esta rompió a llorar. Entre lágrimas, afirmó: «Es ella». Le reiteré: «Te lo dije, te lo dije, te lo dije». De este modo, Elizabeth y yo iniciamos nuestro noviazgo y, seis meses después, cuando todo estaba listo, nos casamos en Westminster, en una hermosa residencia de estilo hacienda, con un pastor de Cottonwood oficiando la ceremonia.

Esta es mi versión de la historia, pero ahora creo que es importante que la escuches desde la perspectiva de Elizabeth.

LA VERSIÓN DE ELIZABETH

Me convertí cuando tenía diecisiete años y comencé a asistir a un ministerio juvenil. Al año siguiente, ya con dieciocho, asistí a una cruzada en Anaheim, California, que se realizaba al aire libre en un parque. Estaba allí sentada cuando observé a un joven subir al escenario y comenzar a predicar, compartiendo su testimonio. Pensé: *Vaya, su relato es tremendamente impactante.* Luego, el joven pronunció una revelación divina: «Alguien aquí debió haber muerto en un accidente automovilístico, pero Dios te salvó y te rescató». Me quedé atónita. ¡Hablaba de mí! Recientemente había sufrido un grave accidente de coche donde el vehículo se volcó seis veces, pero fui rescatada; claramente, fue un milagro de Dios.

En mi corazón, en aquel instante, surgió un pensamiento espontáneo: *deseo casarme con alguien así, alguien poderoso como él.* Probablemente pasó al menos otro año o año y medio, y para entonces, yo asistía a la Escuela de Ministerio Cottonwood. Había oído hablar de Jason; algunas personas me habían invitado a sus eventos, pero no asistí a muchos. Cuando lo vi en el vestíbulo, estaba tomando agua en el surtidor. En mi corazón, pensé: *Dios mío, es aquel chico al que oí predicar en el parque aquella vez. ¡Lo recuerdo!* Creo que me emocionó el hecho de recordarlo.

Normalmente no me acercaría a alguien desconocido para saludarlo, pero le toqué el hombro mientras bebía agua del surtidor y le dije: «Hola. Te conozco; te he visto antes». Como ya mencioné, me emocioné al reconocerlo. Así que comencé a conversar con él, diciéndole: «Te he oído predicar anteriormente, y creo que podríamos conocer a algunas de las mismas personas».

Mirando hacia atrás, me percaté de que le había asustado. Retrocedió unos pasos y adoptó una actitud muy seria, distinta a su manera de predicar en el escenario. Pensé: *Oh, no, solo estaba emocionada por haberlo reconocido, ¡pero ahora creo que piensa que me gusta!*

Después de eso, solía visitar Cottonwood cada pocos meses, y como habíamos conversado aquella vez en el surtidor, él hablaba conmigo durante diez o quince minutos y me invitaba a sus próximos eventos. Tomaba sus folletos y le decía: «Vale, gracias». Pero el Señor nunca me permitía asistir a sus eventos. Realmente quería ir, pero sentía en mi corazón: *No, no debes ir, no vayas.*

Un día, viviendo con mi madre, tenía uno de sus folletos en la mesilla de noche de mi habitación. El Señor me dijo: «Si deseas casarte con alguien así, necesito trabajar en tu corazón». Acepté. Entonces, el Señor comenzó a trabajar conmigo. Me indicó: «Necesitas alejarte de algunas amistades actuales. Concéntrate en enamorarte de Mí». Obedecí y seguí todas sus indicaciones, manteniendo cierta distancia con Jason.

En los meses siguientes, Jason y yo nos hicimos amigos gracias a nuestras breves charlas cada vez que él visitaba la escuela. Luego, un día, Jason me invitó a su iglesia y, sin orar al respecto, simplemente acepté. Pero una vez allí, el Señor me hizo reflexionar: «¿Qué estás haciendo? Aún no es momento de unirte a Jason». Así, sin entrar siquiera en la iglesia, regresé a mi coche y me dirigí a un restaurante local, donde almorcé sola. Aquella experiencia fue reveladora, como si el Señor me indicara que, si Él tenía un plan, yo no debía forzar nada.

No fue hasta que Jason y yo descubrimos que ambos íbamos al mismo viaje misionero cuando realmente comenzamos a conversar y nuestra relación despegó. Al final no fuimos al viaje, pero empezamos a salir oficialmente.

Nuestra primera cita fue en el Día de San Valentín. Me llevó a la torre de oración de la Catedral de Cristal de Anaheim. Estábamos en silencio cuando Jason me preguntó: «Liz, ¿qué te está diciendo el Señor?». Dudé: «No lo sé, ¿y a ti qué te dice?». Insistió: «Liz, ¿qué te dice el Señor?». Volví a responder: «No lo sé, ¿qué te dice a ti?». No iba a confesarle que me gustaba. Entonces él expresó: «Creo que eres la persona adecuada para mí». Yo le respondí: «¡Ah, eso ya lo sabía desde hace tiempo!». Se rió mucho. Después de eso, todo fluyó con naturalidad. Cuando nos casamos, su iglesia ya tenía seis meses de funcionamiento. Así que, durante un par de años, me dediqué a seguirle, escucharle y observarle. Tenía mucho que aprender sobre el ministerio.

UN MATRIMONIO CON PROPÓSITO

Pastoreé la iglesia durante unos seis meses y, posteriormente, me casé con Liz. Así que todo esto ocurrió casi simultáneamente: fundé la iglesia, conocí a Liz, nos casamos y ella se convirtió en esposa de un pastor. Liz ha sido bendecida con un extraordinario don para la administración. No tardé en darme cuenta de lo que Dios quería mostrarme al unirme con una mujer específica para una misión específica, y yo sabía exactamente cuál era esa misión.

Al principio, siendo joven, dediqué todas mis energías a edificar la iglesia. Lo invertí todo en ella y estaba exhausto. No podía dar más de mí. Fue entonces cuando Dios me reveló 1 Corintios 12. Uno de los dones mencionados es la sabiduría en la administración, y parecía saltar de la página mientras lo leía. En ese momento, el Señor me habló: «Tu esposa posee ese don, y no avanzarás más en tu ministerio hasta que la dejes actuar en ese llamado, porque estoy intentando hacer algo con este don». Aunque soy más bien un visionario, te aseguro que, una vez que ella asumió su rol de administradora, la iglesia despegó y desde entonces ha experimentado varias etapas de crecimiento explosivo.

Dios sabe perfectamente con quién debes casarte y por qué. En nuestra iglesia realizamos perfiles de personalidad, evaluaciones de dones y toda clase de pruebas para descubrir los dones de la gente, pero en aquel entonces no disponíamos nada de eso. Lo que sí teníamos era el Espíritu Santo, y, sobre el papel, Liz y yo seríamos la pareja ideal.

Christian Mingle[1] con toda certeza nos habría unido! (¡Es una broma!) Pero fue Dios quien nos conectó.

UNA LUCHA DE FE

Entonces, unos nueve meses después de casarnos, Liz quedó embarazada de nuestro primer hijo. Incluso Dios ya nos había revelado su nombre: se llamaría Joshua. A los tres o cuatro meses de embarazo, fuimos al médico por primera vez. Éramos jóvenes y estábamos nerviosos.

En la consulta, tras realizar una ecografía, el médico nos llamó a su despacho con un semblante preocupado, lo que incrementó nuestra ansiedad. Tras medir la cabeza de nuestro hijo en la ecografía, nos informó de que el bebé no estaba bien; incluso nos sugirió que consideráramos un aborto en dos semanas, programando la cita de inmediato. Nos explicó que el embarazo podía ser peligroso para Liz. Esta noticia nos dejó atónitos y desconsolados. Liz empezó a llorar... y yo, a enfurecerme.

Controlando mi ira, al subir al coche, le dije a Liz: «No, Liz, se llama Josué. Dios ya nos ha dado su nombre». Decidimos no compartir la noticia con nadie en ese momento. Estábamos empezando a aprender mucho de destacados maestros de la Palabra de Fe y yo llevaba años estudiando en Cottonwood. Ya sabía caminar por la fe, y fue ese espíritu el que nos sostuvo durante esa temporada. Durante dos

---

[1] Christian Mingle es un sitio web de citas en línea diseñado específicamente para hombres y mujeres cristianos que buscan una relación amorosa centrada en Dios.

semanas, apagamos todas las distracciones, como los televisores, y nos centramos en escuchar grabaciones de la Palabra, meditar en ella y leer todas las escrituras de sanidad que encontrábamos, una y otra vez.

Esto fortaleció enormemente nuestra fe. Creímos haber recibido el milagro de la sanidad de nuestro bebé. Sembramos una semilla, confiamos en Dios y, por fe, recibimos nuestro milagro. Teníamos la certeza en nuestros corazones de que Dios cuidaría de él. No sabíamos cómo lo haría, pero oramos y Dios haría normal la cabeza de nuestro hijo.

Dos semanas después, en la nueva consulta, el médico pareció conmocionado tras realizar la ecografía. Parecía que había visto un fantasma. Nos miró y dijo: «No sé qué decirles. Nunca había visto algo así en mi carrera». Mientras él hablaba, yo pensaba: *Ya lo sabía; adelante, doctor. Usted nos dijo que abortáramos a nuestro bebé. Ahora... dígame qué pasó. ¡Vamos, dígalo!* Finalmente, el médico sacudió la cabeza y nos comunicó: «Su bebé es normal; está bien».

Sí, fue un poderoso milagro, pero el embarazo siguió siendo un desafío porque el equipo médico recomendaba una cesárea para el parto. El Espíritu Santo me advirtió de que el diablo intentaría atentar contra la vida de Liz durante el procedimiento y que no se haga la cesárea. Aunque no recomiendo desatender las indicaciones médicas, en nuestro caso era una decisión personal. Creo en las cesáreas, pero en ese momento no era lo adecuado para nosotros.

Liz estuvo empujando durante tres horas, pero el pequeño Joshua no salía y cuando nos dijeron que solo quedaba un empujón más antes de proceder a la cesárea, el Espíritu Santo me recordó que no debíamos permitirlo porque el diablo trataría de matarla. Le dije a Liz: «Cariño, mi fe te ha llevado hasta aquí, ahora depende de ti. Un empujón más». En ese momento, vi emerger a mi esposa guerrera. Tomó aire profundamente y exclamó: «¡Estoy redimida de la maldición de la ley! ¡La bendición de Abraham es mía!». Y en ese instante, Josué nació. Fue una gran batalla por nuestro primogénito.

Dos años después, concebimos de nuevo, pero descubrimos en una visita médica que el bebé no tenía latido de corazón. Nos desoló saber que habíamos perdido el embarazo. Luego, volvimos a concebir y de nuevo sufrimos una pérdida de bebé. Fue entonces cuando comprendimos que enfrentábamos una nueva batalla. Estuvimos tentados de amargarnos y cuestionar *¿Dónde estás, Dios? Este asunto de la fe no da resultados.* Afortunadamente, habíamos renovado nuestra mente y sabíamos que nuestro Dios es bueno. Le pedimos sabiduría y nos la concedió, dándonos fuerza y fe.

Concebimos una vez más y Dios nos reveló el nombre de nuestra bebé: Joy (Alegría), «... con la mañana llega la alegría» (Salmos 30:5b), y con esa palabra, ese «rhema», luchamos por Joy. Liz es la líder de adoración de nuestra iglesia y recuerdo vívidamente que un domingo llegó a casa temprano, llorando; algo iba mal. Estaba experimentando síntomas de otro aborto espontáneo.

Le dije: «Querida, acuéstate. Voy a ir a predicar». Prediqué con autoridad y, al final, Joy, nuestra bebé, llegó por la mañana. Esas fueron las batallas por nuestros dos primeros hijos, pero para nuestro tercer hijo, Dios me dijo que se llamaría Noah, y que traería paz a nuestra familia, pues su llegada fue fácil y nos llenó de tranquilidad. Noah es nuestro profeta.

DIOS NOMBRA A NUESTROS HIJOS

Muchas personas me han preguntado qué quiero decir cuando afirmo que el Señor reveló los nombres de mis hijos antes de su nacimiento. Desean conocer el método exacto de esta revelación. Estoy convencido de que Dios emplea distintos medios con cada individuo; en mi caso, siempre se manifestó durante la lectura de la Biblia. Al sumergirme en las Escrituras, los nombres emergían de improviso. Por ejemplo, mientras leía, comprendí que Liz poseía el don de la administración. En mi experiencia, los versículos se destacan de manera singular en la página, como si el tipo de letra, normalmente de tamaño diez, se transformara en negrita y aumentara a veinticuatro puntos. Entonces, en mi interior, escucho el nombre: «Joshua». Siento en mi corazón la frase «... con la mañana llega la alegría [Joy]» o «Noah, traerá paz a la familia».

Noah fue el nombre que más me costó recibir de los tres. Ya casi al final del embarazo, aún no habíamos decidido. Por ello, orábamos: «Vamos, Señor, ¿cómo se llamará?». Con todo Dios se mostró fiel y cada uno de mis tres hijos recibió su nombre mientras aún se gestaban en el vientre.

11

MODESTOS COMIENZOS

En el libro de Zacarías, se halla un versículo muy conocido que en una parte dice: «... No es por el poder ni por la fuerza, sino por mi Espíritu, dice el Señor de los Ejércitos Celestiales» (Zacarías 4:6). No obstante, unos versículos más abajo, se encuentra otro igualmente poderoso e importante como el sexto. El décimo versículo afirma: «No menosprecien estos modestos comienzos, pues el Señor se alegrará cuando vea que el trabajo se inicia...» (Zacarías 4:10).

Frecuentemente, reflexiono sobre esta escritura: el Reino de Dios siempre se inicia con una semilla, para luego crecer y convertirse en algo de gran alcance. A lo largo de los años, Dios nos ha enseñado a no menospreciar los días de los pequeños comienzos. Hoy, la iglesia que lidero, Freedom City Church, es grande, con más de cinco mil asistentes cada fin de semana... pero sus inicios fueron modestos.

SALÓN DE ARTE BLUEBIRD

Como mencioné en capítulos anteriores, alrededor del año 2003, sentí el llamado de Dios para regresar a Whittier y fundar una iglesia. Solo Dios conocía el destino de ese llamado. Inicié la iglesia en un pequeño local conocido como Bluebird Art Lounge. Este modesto espacio apenas podía albergar unas veinte sillas y, durante el verano, las temperaturas en el techo superaban los 120 grados, creando un ambiente asfixiante.

Era brutal. En aquel entonces, la banda de alabanza estaba compuesta por un único miembro, un músico (no exagero sobre los inicios modestos). Aunque era un buen líder de alabanza, por aquel entonces luchaba contra la adicción al crack. Como he mencionado antes, yo oraba por él, lo ayudaba a liberarse y todo iba bien por un tiempo, pero después desaparecía y yo tenía que ir a buscarlo y traerlo de vuelta. A veces, esto ocurría el domingo por la mañana, antes de nuestro servicio de las dos de la tarde. Lo encontraba tras haber pasado la noche en vela, oraba por él, lo aseaba y le decía: «Vamos». Reconozco que es una manera bastante inusual de ministrar en la iglesia, pero así es el ser pionero. Cuando eres pionero, utilizas cualquier recurso (o a cualquiera) que puedas. Con el tiempo, aquel hombre se liberó de su adicción a la cocaína, se convirtió en un exitoso hombre de negocios, se casó, tuvo hijos y su vida dio un giro completo.

Nuestro ministerio para niños se ubicaba en el callejón trasero, entre manchas de aceite en el pavimento y contenedores rebosantes de basura. Nuestro equipo de sonido era prestado; todo era improvisado. Supuestamente, el Bluebird Art Lounge era un salón de arte ecléctico, pero estaba abarrotado de basura. Era un lugar horrible, pero ahí es donde comenzamos, y yo estaba profundamente agradecido por ello. ¡Eso sí que son humildes comienzos!

La propietaria contaba con otro local pequeño, de apenas quinientos o seiscientos pies cuadrados, que utilizamos como vestíbulo. Una pequeña área adyacente, de unos cuatrocientos o quinientos pies cuadrados, fue donde derribé una pared divisoria para obtener un poco más de espacio. El presupuesto mensual para el Bluebird era de 400 dólares. Cuando me lancé en esta aventura, lo hice con todo mi ser. Dejé mi empleo y vivimos del beneficio por desempleo durante seis meses. Creo que nuestra primera ofrenda ascendió a la impresionante cantidad de ¡27 dólares! Así fue como el Freedom International Christian Training Center inició su trayectoria.

Por cierto, ese sigue siendo el nombre completo de la iglesia, pero no lo usamos públicamente. En público, nos referimos a ella como Freedom City Church porque el nombre más largo tiende a confundir. La gente piensa que somos un centro de formación o una escuela, no una iglesia. Pero yo tuve una visión clara del Señor de que la iglesia sería internacional y que debía ser tanto un centro de formación como una iglesia. Así se ha desarrollado, convirtiéndose en ese tipo de ministerio formativo. Al principio, el nombre generaba confusión. ¿Es esto una iglesia? ¿Un centro? Otro aspecto interesante de nuestra historia es que hoy nuestro nuevo edificio se encuentra a solo dos cuadras del antiguo Bluebird Art Lounge, donde empezamos.

CRECIENDO... ¡Y ASCENDIENDO!

El pequeño salón Bluebird no tardó en quedársenos pequeño y pronto buscamos un lugar más grande para reunirnos. Nuestro segundo edificio estaba en Whittier, también en el bulevar Washington. Para que funcionara, nos asociamos con un miembro de la iglesia. Entramos juntos con cada céntimo que teníamos; él puso en marcha un centro de consejería en el local y yo puse en marcha la iglesia. Era un centro de consejería durante el día y una iglesia por la noche y los fines de semana. Eran 1.500 pies cuadrados y un coste enorme para el presupuesto. Dividimos el alquiler mensual por la mitad, así que pasamos de pagar 400 dólares por el Bluebird a 800 dólares por el local más grande, lo que supuso un gran esfuerzo para nosotros. No teníamos dinero para conseguir nada. Nuestro primer escenario se hizo con viejos palés de madera que había conseguido de algún callejón. Los atornillamos, colocamos un entarimado de madera contrachapada y lo envolvimos con una alfombra. Se convirtió en nuestro primer escenario, todo chirriante, desigual y propenso a romperse.

Alguien donó unos bancos viejos que otra iglesia estaba tirando, así que pudimos sustituir aquellas sillas rosas, feas y baratas que utilizábamos en el Bluebird. Pero los bancos no tenían mucho mejor aspecto; eran de un feo tono azul. Después, encontramos a alguien que estaba tirando un montón de alfombra vieja que pudimos juntar para cubrir el suelo de la iglesia.

Así fue como tuvimos que hacer iglesia al principio, en nuestros primeros días de pioneros. Pero entonces, la iglesia empezó a crecer de verdad. Recuerdo que el diablo me mentía diciendo que nunca pasaríamos de cien personas. Pero recuerdo el domingo en que por fin superamos las cien personas, que era la capacidad de aquel edificio. En ese momento, gracias a un milagro de Dios, pudimos recaudar algo de dinero para poder trasladarnos al edificio contiguo, más grande. Conseguimos una alfombra decente, sillas más cómodas y un escenario un poco más bonito. Incluso conseguimos un proyector, pero no podíamos permitirnos una pantalla, así que pintamos una de las paredes de hormigón de blanco brillante y la utilizamos como pantalla. Gastamos hasta el último céntimo que teníamos en preparar el edificio para la iglesia del domingo siguiente; por fin estábamos listos para abrir las puertas.

«¡DIOS SE MUEVE!»

Era viernes por la tarde, y la administradora de la propiedad vino a ver lo que habíamos hecho. Por alguna razón, no le gustó y dejó claro que tampoco le agradábamos nosotros. Incluso llegó a insultarme y decirme: «¡Los echo de aquí!». Realmente parecía tener algo en contra nuestra. Continuó despotricando: «El lunes te echaré». Le respondí: «¡Pero si el dueño me dio permiso para hacer el trabajo!». A lo que ella contestó: «Pero *yo* no te di permiso». Aquello no tenía sentido para mí porque el dueño me había asegurado de que podía realizar el trabajo, y ahora esta mujer me decía: «Pero *yo* no te lo dije, así que te echo el lunes».

Créeme, no tenía ninguna gana de presentarme delante de la iglesia, predicar y luego tener que comunicar a la gente que todo aquello por lo que habíamos trabajado tan duro había terminado. Así que recurrí a Dios: «Señor, tú me dijiste que le dijera al Faraón que dejara marchar a mi pueblo». Le recordé al Señor lo que me dijo cuando me llamó para fundar la iglesia. Entonces me puse a orar. Oré y oré; eso es todo lo que hice. Luego, me levanté y prediqué el domingo, y decidí no compartirlo con la iglesia; no sentía que debiera hacerlo. Así que solo prediqué y concluí con una oración.

Llegó el lunes y la administradora de la propiedad no apareció. Tampoco se presentó el martes. Fue cuatro días después cuando apareció el propietario y dijo: «Oye, la administradora ya no está con nosotros. ¿Necesitas algo?». Le respondí: «No, estamos contentos. Aunque seguramente estaba enfadada conmigo». Y él me dijo: «No te preocupes por ella; la he despedido». «¿De verdad?», le dije. «Sí, el viernes pasado por la noche». Al parecer, más o menos en el momento en que estábamos orando, se había declarado un incendio en otra de las propiedades del dueño. Al final, determinó que el incendio era culpa de la administradora de la propiedad y la despidió. Fue como si Dios nos dijera: «Te cubro las espaldas». A partir de ahí, continuamos creciendo y acabamos haciéndonos cargo de otro local que tenía el dueño, y fue entonces cuando se produjo otro milagro.

UN MILAGRO «JUSTO A TIEMPO»

El socio que tenía entonces carecía de integridad. No me percaté en su momento, pero se estaba apropiando de todo el dinero que yo le entregaba para el alquiler y los servicios. Esto había estado ocurriendo durante seis meses,

MODESTOS COMIENZOS

sumando unos 10.000 dólares en total. Finalmente, un día me preguntó: «Oye, ¿quieres el edificio?». Le respondí afirmativamente porque estábamos creciendo demasiado y necesitábamos el espacio que él utilizaba como centro de consejería entre semana.

Realmente no podía permitírmelo, pero di un paso de fe y afirmé: «Sí, me lo quedo». Aunque estaba fuera de nuestro presupuesto, estaba dispuesto a aceptar un recorte salarial, pensando que era necesario por el espacio adicional. El hombre me entregó las llaves y me dijo: «Las facturas están aquí, en esta pila, junto con una lista de cuándo vencen. Todo lo que necesitas está ahí». Contesté: «Vale, estupendo». Pero al investigar, ¡descubrí que no había pagado el alquiler, los servicios ni nada en seis meses!

Así que allí estaba, sin dinero en el banco, apenas sobreviviendo, y con una deuda de 10.000 dólares vencida. De nuevo, acudí a Dios y le dije: «Señor, me dijiste que fundara esta iglesia. No sabía que este hombre nos estaba robando. Necesito tu ayuda». Terminé de orar y pensé: *No podemos hacer nada más. Es lunes. No tenemos el dinero, y el banco cierra a las 5 de la tarde.*

Decidí hacer lo que todo hombre de Dios hace en tiempos difíciles: ¡llevar a la familia a Disneylandia! En aquel momento no teníamos dinero, pero la madre de mi esposa y su familia trabajaban allí, así que nos dieron pases gratis. ¡Así que nos fuimos a Disneylandia!

Pero antes de irme, recibí una llamada de un viejo amigo llamado Dan. Hacía años que no hablaba con él. Nos habíamos hecho muy amigos en el programa de rehabilitación años atrás y, cuando salió, se mudó a Texas y perdí su pista. De repente, me llamó y preguntó: «¿Cómo te va, Jason?». Le dije: «Vaya, Dan, supongo que bien». No le mencioné que estábamos a punto de perder la iglesia. Luego me dijo: «He oído que vas a fundar una iglesia». Le confirmé que así era. Me dijo: «Quiero ayudarte. He vendido mi casa en Texas y quiero mudarme a Los Ángeles para ayudarte». Le respondí: «¡Bueno, estupendo!».

Entonces me contó: «He vendido mi casa, estoy en la ciudad y tengo un cheque para ti. ¿Cuándo puedo entregártelo?». Supe inmediatamente que era un momento divino. Le dije que podía encontrarme con él en ese instante. Así que cambie de rumbo, dejé de ir a Disneylandia y fui directamente a encontrarme con Dan. Sabía que el tiempo apremiaba, se acercaba las 5:00 p. m., la hora de cierre del banco.

Nos reunimos después de años sin vernos. Quería ponerse al día, y yo agradecí su generosidad, pero también sabía que tenía que depositar su cheque en el banco rápidamente. Me abrazó y preguntó: «Hola, ¿cómo estás?». Respondí: «Genial, muy bien», pensando en la hora de cierre del banco. Me entregó el cheque y luego sacó otro diciendo: «Este es para ti, tu mujer y tu familia». Le dije: «Amigo, te quiero y estoy muy agradecido por este regalo, pero tengo que ir a depositarlo en el banco». De camino al banco abrí el sobre y vi que el cheque era exactamente por la cantidad que necesitábamos, ¡10.000 dólares!

Una vez más, fue como si Dios nos recordara: «Estoy con ustedes». La cantidad que Dan dio era justo lo que necesitábamos. Pudimos pagar todo lo adeudado. A partir de ahí, tomamos el siguiente edificio y luego el siguiente. Al final, nos hicimos cargo de todo el complejo. Luego se nos quedó pequeño y tuvimos que volver a crecer.

Por aquel entonces, no sabía que no se podía construir una iglesia sin permiso de la ciudad. Se necesitan permisos, inspecciones, aprobaciones y una serie de trámites de los que yo no tenía idea. Necesitábamos un nuevo edificio y había estado buscando un local más grande, pero entonces el ayuntamiento colocó una ordenanza en las puertas de nuestro local actual impidiendo su uso como iglesia. Pensé: *¿Señor, qué voy a hacer?* Mi subí al automóvil y comencé a dar vueltas por la ciudad buscando un edificio. No había ninguna iglesia disponible en ningún lugar. En Los Ángeles, una de las cosas más difíciles de encontrar es una iglesia.

Conduciendo en busca de una iglesia, es importante destacar que no buscaba carteles de «Se vende», sino señales del Señor. Escuchaba con mi corazón, no miraba con los ojos naturales. Finalmente, encontré un espacio estupendo que podíamos utilizar para una iglesia. Era un viejo almacén, fue un milagro que lo encontrara. Estaba escuchando al Señor, y cuando pasé por delante de este almacén, Dios me dijo: «Actúa». Así que llamé inmediatamente al dueño del edificio.

Al negociar el precio, le dije: «Te daré lo que pides». En aquel momento, no tenía idea de que había otras dos o tres personas interesadas en el edificio. Habían llamado antes que yo, pero intentaban negociar el precio. Así que, cuando llamé y ofrecí el precio completo, aceptó mi oferta y conseguimos el edificio.

Los pastores que llamaron antes que yo acabaron encontrando edificios más adecuados para sus ministerios, así que todos salimos ganando. Como ves, en cada paso del camino, la mano de Dios nos guiaba suavemente, mostrándonos hacia dónde ir. Pero no habíamos terminado de crecer. Dios nos estaba enseñando desde los inicios no solo a hacer los ladrillos; Dios quería que fuéramos dueños de los ladrillos.

«UN VOTO SORPRESA»

El almacén se nos quedó pequeño y tuvimos que trasladarnos a nuestro campus en Santa Fe Springs. Allí nos enfrentamos a un verdadero Goliat. Creo que el diablo era consciente de lo que iba a suceder y nos puso resistencia en cada paso. La iglesia que se reunía en nuestro local anterior lo había construido de tal modo que no obtuvo los permisos adecuados. Como resultado, cuando presentamos nuestros planos a la ciudad, no quisieron autorizarlos porque no preveían suficiente espacio para aparcamiento. Además, nos indicaron que, aun disponiendo de espacio suficiente, no iban a zonificarlo debido a los permisos pendientes anteriores. Parecía como si ya hubieran decidido denegarnos la zonificación necesaria.

Nos vimos obligados a hablar varias veces con las autoridades de la ciudad para defender nuestro caso. Finalmente, lo sometieron a votación y, de manera milagrosa, ¡nos concedieron exactamente la zonificación que necesitábamos! Fue otro movimiento sobrenatural de Dios. Cambiaron una ordenanza solo para nuestra iglesia, algo sin precedentes en la historia de la ciudad. Fue simplemente el favor de Dios.

Desde ese momento, la iglesia experimentó un crecimiento explosivo. Estuvimos en el campus de Santa Fe Springs unos diez años, ocupando un espacio de unos veinte mil pies cuadrados, lo cual es considerable en nuestra zona. Teníamos seis servicios los domingos y yo predique en cinco de esos servicios durante muchos años.

«CERRANDO EL CÍRCULO»

Un domingo, en medio de un servicio de bautismo en agua, el Señor me habló. Me dijo: «Necesito que vuelvas a Whittier», que está justo al lado de donde estábamos en Santa Fe Springs. Entendí lo que eso significaba. Dios quería que cerráramos el círculo y regresáramos a la zona donde originalmente se encontraba el Bluebird Art Lounge, en Uptown Whittier.

Así que empezamos a buscar otro edificio, y de nuevo, no fue fácil hallar lo que necesitábamos. Finalmente, un día, mientras estábamos en un hotel que pensábamos alquilar, una mujer escuchó nuestra conversación. Se nos acercó y preguntó si buscábamos una iglesia. Le confirmamos que sí, y ella nos comentó: «No soy de aquí, pero mi hermano sí lo es. Él tenía una iglesia que se reunía en el YMCA, pero se han trasladado a otro edificio. No estoy segura, pero quizás el YMCA esté disponible. Deberían hablar con el director». Así que nos reunimos con el director del YMCA y, efectivamente, el edificio estaba disponible. Nos trasladamos allí y empezamos a tener reuniones. Fue un paso crucial, ya que nos situamos a una manzana del edificio en el que estamos ahora.

Al llegar al YMCA, una vez más, recibimos un favor extraordinario. Dios siempre ha sido fiel en proporcionarnos exactamente lo que necesitábamos y en el momento oportuno. Con el tiempo, nos quedamos sin espacio en el YMCA, y Dios realizó otro gran milagro para llevarnos a la propiedad en la que estamos hoy.

«VOLVER A CASA EN UN LUGAR BRILLANTE»

Hay dos edificios históricos importantes en nuestra ciudad: el Edificio Nixon y el antiguo ayuntamiento, donde ahora se reúne nuestra iglesia. Estos dos edificios son los más antiguos y emblemáticos de la ciudad de Whittier, California. Nuestro edificio siempre ha sido una iglesia, pero también es utilizado por el ayuntamiento de Whittier durante la semana.

Estas dos propiedades se encuentran en la esquina de Greenleaf y Hadley. Nuestra iglesia se reúne en un bello edificio, en una ubicación excepcional. El edificio es, en verdad, invaluable.

Y Dios sigue proveyendo. Cuando hayamos terminado, el auditorio tendrá capacidad para mil personas y podremos acomodar a otros seiscientos en las áreas de desbordamiento. Pero la verdadera brillantez de este edificio no está en el auditorio, donde ya celebramos cinco reuniones los domingos, todos a rebosar. No, la verdadera maravilla de este edificio son los setenta y cinco mil pies cuadrados de aulas que tenemos ahora, que es como elegimos hacer el ministerio. El núcleo de nuestra labor es la formación.

Hoy disponemos de centros de entrenamiento donde se está discipulando en el ministerio a unos ochenta jóvenes de ambos sexos. También hemos abierto hogares de recuperación. Además, contamos con unas cuatro mil personas que participan cada semana en entre quinientos y seiscientos grupos pequeños. Asimismo, tenemos unos mil seiscientos alumnos matriculados en nuestras diversas escuelas y más de cinco mil personas en nuestra congregación. Nuestro ministerio ha alcanzado una dimensión global. En nuestro programa «Lifestyle of Freeedom», contamos con alumnos de veintiséis países diferentes. Hoy, gracias a la fidelidad de Dios, somos lo que hace muchos años llamamos «centro internacional de formación cristiana». Sin duda, ¡hemos recorrido un largo camino desde los días de la Sala de Arte Bluebird!

«PRINCIPIOS PIADOSOS PARA LA VIDA»

Puede que no necesites un edificio de iglesia para lo que Dios te ha llamado a hacer, pero aun así puedes seguir los principios piadosos que yo me esfuerzo por aplicar en mi vida:

- **Nunca olvides que Dios tiene un plan para tu vida.** Es fundamental recordarlo. Quiere repetírtelo: «Dios tiene un plan específico solo para ti». Puedes confiar en eso. Tienes un propósito y un sentido en esta vida.

Lee Jeremías 29:11 y ora para que Dios te revele Su plan perfecto.

- **No limites a Dios.** Muchas personas se meten en problemas porque piensan demasiado pequeño. Recuerda: «Dios es capaz de hacer mucho más de lo que puedas pedir o incluso pensar» (Efesios 3:20). ¡Ora en grande!

- **¡Nuestro Dios habla!** Así que «ora y da a conocer tus necesidades» (Filipenses 4:6). Luego, ¡no te olvides de escuchar! No salgas de tu lugar de oración hasta que tengas una palabra de Dios.

- **No permitas que nada ni nadie te disuada de hacer lo que Dios te ha llamado a hacer.**

- **Una vez que te comprometes con esa promesa, sigue adelante.** No hay vuelta atrás. «El que pone la mano en el arado y luego mira atrás no es apto para el reino de Dios» (Lucas 9:62).

- **¡Nunca te rindas!** «El reino de los cielos sufre violencia, y los violentos lo arrebatan» (Mateo 11:12 RVR1960).

12

LIBRES PARA SIEMPRE

Desde que fui llamado al ministerio, mi encargo de Dios no ha variado ni un ápice. He sido llamado a enfrentarme con valentía a los faraones de este mundo, a esas fuerzas espirituales en lugares altos que dominan a las personas, las oprimen, las esclavizan, las atrapan en su pecado.

Estoy perfectamente capacitado para mi llamado; conozco lo que es estar esclavizado por el pecado. Sé lo que es estar encadenado, no solo por mis malas acciones, sino también por una mentalidad limitada. El diablo controlaba mi mente, oprimiéndome todo el día, cada día. Era uno de sus soldados, logrando muchas victorias para el reino de las tinieblas, esclavizando a otros que, como yo, estaban perdidos y asustados.

Pero tal como has leído, Dios me amó lo suficiente como para rescatarme de mi oscuro lugar. Me sacó del lodo cenagoso y puso mis pies sobre roca firme. ¡El Señor me liberó! Pero eso no es todo. Dios me llamó con un propósito. Tenía un plan para mi vida, un plan para el bien y no para el mal, para prosperarme y no para perjudicarme, un plan para darme esperanza y un futuro (Jeremías 29:11). He sido enviado con un mensaje único, que arde en mi corazón, para los faraones opresores de este mundo. El Rey de reyes y el Señor de señores dice: «¡Deja ir a mi pueblo!». El Señor de los ejércitos tiene un solo mensaje para el reino de las tinieblas: «¡Deja ir a mi pueblo!».

Oro todos los días para ser fiel a mi llamado. Ciertamente, el ministerio está dando frutos abundantes. El Señor ha añadido a Freedom City Church más de cinco mil personas aquí en Los Ángeles.

Apertura de la iglesia Freedom City en Whittier, California, en 2023.

Nuestro objetivo es formar miles de líderes. Al ritmo actual de crecimiento de la iglesia, alcanzaremos más de treinta mil personas en diez años. Eso es suficiente para crear un impacto real, marcando una diferencia significativa en la vida de quienes habitan esta ciudad.

Con el tiempo, veo un total de diez campus en la zona de Los Ángeles, y vamos a tomar a Los Ángeles para Jesucristo. Eso es lo que veo para el futuro, y eventualmente nos veo plantando iglesias en todo el mundo. ¿Para qué? ¿Para engrandecer nuestro nombre? Desde luego que no. Queremos expandirnos porque el mensaje de libertad es muy necesario en todo el mundo. ¡Queremos engrandecer *Su* nombre!

Para mantenernos saludables incluso con un crecimiento rápido, tendremos que multiplicar nuestros líderes y nuevos campus, estableciendo nuevas sedes de iglesias en todo el mundo y formando pastores en el camino. Sí, estamos en camino. Ya tenemos nuestro edificio, que es como un gran centro comercial con ciento veinte mil pies cuadrados de espacio. ¡Es perfecto para levantar un ejército! Y dondequiera que establezcamos un nuevo campus, ¡Dios está liberando a los cautivos!

Freedom City Church

Dios se dedica a liberar a los cautivos y a redimir lo que antes estaba perdido. Pensar que la ubicación de nuestra iglesia en este momento se encuentra en la misma zona donde sufrí más abusos que nunca en mi vida. Y también es donde cometí la mayoría de los crímenes y las cosas terribles que hice. Está literalmente todo en esa misma zona. ¡Estoy tan agradecido de que nuestro Dios sea un Dios que redime! Puedes creer en esa promesa seas quien seas o hayas hecho lo que hayas hecho. Dios redime a los perdidos y a los quebrantados. Las historias de mi vida son testimonio de ello.

¿Y tú? ¿Has tocado fondo? ¿Te has hartado de la esclavitud y la servidumbre? Sea cual sea tu historia, puedo prometerte que Dios está contigo. Está a tu lado con un hermoso plan para salvarte, redimir tu vida y liberarte. Al Faraón se le ha ordenado que suelte sus garras sobre tu vida y te deje marchar. Dios está esperando a que le pidas que te libere. Y una vez que te libere, ¡serás verdaderamente libre!

Jason Lozano con su esposa, Elizabeth, su hijo mayor, Joshua, su hija, Joy, y su hijo menor, Noah.

ESCANEA EL QR PARA MÁS INFORMACIÓN

CONTACTO CON EL AUTOR

Jason Lozano
P.O. Box 739
Whittier, CA 90608
(562) 278-2108
JasonLozano.org
info@jasonlozano.org

¡Sigue a Jason Lozano en YouTube e Instagram!

@Jasonlozano

NOTAS

NOTAS

NOTAS

NOTAS

NOTAS

NOTAS

www.ingramcontent.com/pod-product-compliance
Lightning Source LLC
LaVergne TN
LVHW052027080426
835513LV00018B/2207